FIN DE SIGLO

(El sesgo clásico en la última poesía española)

ANTOLOGÍA

LUIS ANTONIO DE VILLENA

FIN DE SIGLO
(El sesgo clásico en la última poesía española)

ANTOLOGÍA

VISOR MADRID 1992

VOLUMEN CCXCIII DE LA COLECCIÓN VISOR DE POESÍA

Isaac Peral, 18 - 28015 Madrid

ISBN: 84-7522-293-5
Depósito Legal: M- 37.903 - 1992

Impreso en España - Printed in Spain
Gráficas Muriel. C/ Buhigas, s/n. Getafe (Madrid)

PRÓLOGO

LA RESPUESTA CLÁSICA
(El sesgo por la tradición en la última poesía española)

Cuando un contemporáneo —especialmente si él mismo es escritor o poeta, pero muy a menudo también crítico— escribe sobre otros contemporáneos, es casi inevitable que tome partido[1]. Teniendo este axioma en cuenta (la dificultad de acercarse objetivamente a lo cronológicamente cercano) es evidente que las mayores posibilidades de acierto crítico vendrán de la cercanía estilística o animológica entre el crítico y lo estudiado. No me importa, por ello, empezar declarando que lo que voy a denominar (muy genéricamente) *tradición clásica* es, en la mayoría de sus vertientes la poesía que yo prefiero como lector, quizá la que en buena medida, me cuadre como autor, asimismo. Pero decir que esta poesía es la que más me gusta, y reconfirmar —es bien sabido— que tal línea poética ha sido la predominante y más seguida en los años ochenta y entre la generación más joven, no excluye reconocer (verdad de perogrullo que muchos opinantes y actuantes evitan) que existen

---

[1] Lo toma incluso adoptando —y ello es peor— aires de toga universitaria y de supuesto discurso *científico*. Tal es caso del prólogo —verbigracia— de Jenaro Talens a la antología de Leopoldo María Panero *Agujero llamado Nevermore* (Cátedra, Madrid, 1992). En él Talens (poeta en ejercicio de la Generación del 70) apuesta por una línea estética de esa generación, hoy ya plural, en detrimento de otra a la que considera *oficial* o *institucionalizada*. Interesante prólogo para polemizar, sentir y discutir, el texto de Talens —*De poesía y su (b) versión*— debe entenderse menos como un ensayo académico que como una toma de postura. O sea, como texto *de combate*.

hoy otras varias líneas en el quehacer poético —minamalismo, metafísica, irracionalismo— y que en todas ellas se han dado logros notables. Que no me refiera a ellas en este texto —que quiere seguir una específica senda— no equivale a que las ignore ni las repudie.

¿Qué puede entenderse por «tradición clásica»?

Si tenemos en cuenta el aún célebre libro de Gilbert Highet, *The Classical Tradition. Greek and Roman influences on Western literature* (1949), reseñado y ampliado, para el ámbito hispánico, por María Rosa Lida de Malkiel[2] *tradición clásica* sería la pervivencia histórica de temas, actitudes y modos de los escritores grecolatinos a través de las literaturas occidentales, desde la Edad Media hasta ahora mismo. Lo que supondría —naturalmente— varias tradiciones clásicas: Dramática, épica, lírica, y aún estas subdividibles en géneros como epopeya, comedia, sátira o elegía... Claro es que voy sólo a referirme a la tradición lírica, que partiendo de la griega arcaica (Safo, Alceo, Anacreonte, Mimnermo) alcanzaría a los elegíacos latinos (Propercio, Tíbulo u Ovidio) y se remansaría en la impresionante tradición del epigrama griego, que entra en el mundo bizantino, o en poetas como Catulo, Horacio, el Virgilio de *Las Bucólicas,* el Estacio de las *Silvas* o aún el Ausonio de los *Idilios...* Si algo común se desprende (sucintamente) de esos y otros autores es

---

[2] Gilbert Highet, *La tradición clásica. (Influencias griegas y romanas en la literatura occidental.)* Fondo de Cultura Económica, México, 1954. La reseña de M.R. Lida de Malkiel —*La tradición clásica en España*— está recogida en el tomo al que da título, con artículos de similar orientación, *La tradición clásica en España*, Ariel, Barcelona, 1975.

un concepto humanista del poema. Un texto que —rico y fiel a las reglas de la retórica— mezcla vida y mitología, saber y experiencia, y se demora y varía en los temas de amor desdichado o ardiente, la melancolía del paso del tiempo, el regusto íntimo del retiro del mundo, la celebración de los amigos, el paisaje o el bienestar de un vivir que —pese a las sombras del Hades— se quiere hedonista siempre. Con lo que (aunque prensado) no me parece inexacto decir que la *tradición clásica* (lírica) es (aparte de la transmisión de *topoi*, de citas o referencias directas) un poema elegíaco, experiencial y de fabricación culta, sea en el mismo utillaje retórico, sea en las alusiones mitológicas o librescas. Cuantos han seguido la *tradición clásica* (lírica y satírica) no han renegado de estas premisas, aunque —lógicamente— las hayan llevado a su tiempo, y hayan ido viendo crecer el acervo posible de la cultura. (Con lo que un poeta de *tradición clásica*, terminaría siendo, también, no sólo quien se refiera explícitamente a la grecolatinidad, sino a cualquier autor anterior, que no contradiga de manera expresa, la fórmula general citada.) Pensemos en Ezra Pound —un libro tan hermoso como *Personae*—, pensemos en Auden, en Cernuda... Lo que les une (son también muchas las diferencias) es evidentemente su asentimiento a esa *tradición clásica*.

La «tradición clásica» y la poesía de la Generación del 70

Se ha dicho ya varias veces que los primeros años de la generación del 70 (entre 1966 y 1972, el período novísimo o *veneciano*) fue una suerte de alucinación de falsa vanguardia. Aquella poesía se comportó y epató desde un afán de modernidad y ruptura que —analizados muchos de aquellos poemas— acaso no poseían del todo. Lo que pudieramos llamar *poema veneciano* (desde *Arde el mar, Así se fundó Carnaby Street* o el inicial *Museo de cera)* era esencialmente una mezcolanza, un *totum revolutum,* cuyos ingredientes —singularizados— no eran nuevos (surrealismo, escritura automática, culturalismo, elipsis escritural, simbolismo, referencias cinematográficas o a la cultura de masas) pero cuyo conglomerado o *cocktail* sí era novedoso y como tal fue sentido. En ese *poema veneciano* que aspiraba a romper —y que de alguna manera lo hizo— se cruzaban, en convivencia, múltiples tradiciones, pero como se creía esencialmente un texto renovador, la *tradición clásica* —cuando existía— no era en él sino un ingrediente más en la mezcla, esencialmente un factor cultista u ornamental (por ejemplo en el título del segundo libro —1970— de Félix de Azúa, *El velo en el rostro de Agamenon).* Citas o referencias en el contexto de un poema que no creía en el yo, que aspiraba a erradicar la confesión, que detestaba el intimismo y que en algunos casos —cerca de la crítica estructuralista— aspiraba a que el poema fuera un *texto,* cuyo autor se celaba en el propio conflicto de la escritura. Una mezcla de tradición y afán renovador, cuyo valor novedoso aún se dirime. Lejos, en cualquier caso, de la *tradición clásica* estricta.

Pero sabemos también —lo he llamado en otras partes, *segundo movimiento generacional*[3]— que, mediado la década del setenta (y sin entrar en las peculiaridades de cada camino individual) el *poema veneciano* se sentía como periclitado, y la propia idea de novedad —de aliento vanguardista— o de ruptura, empezaba, lentamente, a ponerse en entredicho. Los poetas más conocidos del tiempo *novísimo* callaban, se reiteraban o buscaban el cambio. Y los poetas

---

[3] Por ejemplo en el prólogo —*Para una definición postnovísima*— en mi antología *Postnovísimos,* Visor, Madrid, 1986.

coetáneos que se habían sentido ajenos al estallido *venecia-nista* (que sí fue una estética dominante) empezaban a aparecer, denostando el *poema veneciano* y su conglomerado cultista-irracionalista, apostando por poetas de la Generación del 50 que los *novísimos* vieron con simpatía, pero sin complicidad (Gil de Biedma y Brines serán los más buscados) y apelando sin rubor a una tradición que, si no llamaban clásica, cumplía sus postulados de poema racional, comunicador (incluso de intención coloquial) de factura tradicional —vuelta al endecasílabo, al alejandrino y a sus combinaciones— y ese tono experiencial-elegíaco, tan característico de esta poesía. Entre los poetas conocidos Antonio Colinas inició un giro hacia la tradición (de la que no estuvo lejos en sus inicios) con *Sepulcro en Tarquinia* (1976), que aún tiene rasgos del ideal *novísimo*. A la tradición se acercarían también Martínez Sarrión en *El centro inaccesible* (1980) —me refiero a la parte así titulada, que da nombre al conjunto de su poesía hasta ese momento— Leopoldo María Panero en *Dioscuros* (1982), o José María Álvarez, más cada vez, en los poemas nuevos de *Museo de Cera*. Y mis libros *Hymnica* (1979) y *Huir del Invierno* (1981), andarían esa senda asimismo. Camino, en fin, al que llegarán, hasta quienes más remotos parecían, como Jenaro Talens, con *Tabula rasa* (1985). Sin embargo la vocación hacia la tradición se verá aún mejor en poetas que, ligados o no al momento *novísimo,* sólo obtendrán reconocimiento, con el triunfo de esta nueva (o renovada) estética: Los casos más evidentes, Juan Luis Panero (poeta que nunca abandonó esa poética, y que por ello fue preterido) o Luis Alberto de Cuenca, renacido en el tono coloquial y formal de *La caja de plata* (1985). Y quizá se ve aún mejor en los poetas —ya he dicho— que siendo, por edad, de la Generación del 70, publican a la par que los primeros poetas de la generación siguiente, con los que, sin duda, prefieren ser relacionados: Francisco Bejarano, Abelardo Linares, Andrés Trapiello, Jon Juaristi o Lorenzo Martín del Burgo, serán casos evidentes y notables.

Hacia 1980 —cuando se inicia una nueva generación poética— el retorno a la tradición, el regusto por la *tradición clásica,* se va haciendo meridiano. Pero no sería justo pensar que la interpretación de esa tradición es monolítica. Para todos supone poesía de la experiencia y poema comunicador, racionalista. Para todos asimismo, gusto por la obra pulida, atildamiento formal (aunque aquí el concepto variará enseguida) y siempre también busca de temas clásicos, que irán de lo cotidiano a lo melancólico de visos metafísicos. Aunque el referente estará para unos en autores lejanos y para otros en la tradición más cercana (Antonio Machado, Juan Ramón, Manuel Machado, los modernistas menores, los poetas del 50) lo que en nada perturban, aunque sí distingue, el concepto de *tradición clásica.* Así, si el primer libro de Francisco Bejarano, *Transparencia indebida* (1977) es fundamentalmente elegíaco y experiencial —dentro del tono vitalista— y prácticamente carece de referencias culturales obvias; el primer libro de Abelardo Linares, *Mitos* (1979), melancólico también y teñido de amor a los días, está, por el contrario, lleno de homenajes cultos (una sección se titula *Dedicatorias y homenajes* y las referencias clásicas abundan: *Dionisios, Anacreóntica, Orfeo, Hécate, Epitafio de Agemarco, Abderita, Ananké...* y me limito a citar títulos. Sin embargo, pese a la diferencia exterior, son libros de un aliento común. Siéntase la comunidad (hablo de tono, no de influencias) de estos versos:

Están ahí. La tarde recorta sus siluetas.
Amadas sombras muertas, figuras en reposo,

sé que estaréis conmigo como un sol invisible.

(Bejarano)

Porque nada es la sombra de la muerte,
su presencia terrible, si en el pecho
alienta confiada la esperanza
de arrebatarle todo lo que amamos.

(Linares)

La «tradición clásica» y el cultismo grecista

Para algunos los referentes grecolatinos son la médula de la *tradición* misma, que desde la Edad Media (el *Libro de Alexandre* o la *Historia Troyana)* hasta hoy, expresarían una nostalgia por la plenitud de una cultura perdida, y la necesidad de renovar el ahora —actitud humanista— buscando el apoyo de un mundo pasado que, comprendido, nos permitirá avanzar y asumir mejor la actualidad absoluta. Hallaríamos vergeles clasicistas en el Renacimiento o el Barroco, pero tal como podemos interpretar ahora la *tradición clásica,* nos remite al romanticismo. Fueron los poetas (y eruditos) románticos del Norte —verdaderos *descubridores del Mediterráneo*— los que sintieron en las alusiones clásicas y especialmente en el mundo griego, no sólo un modo de ensanchar culturalmente la connotación del poema (eso estaba ya en el Renacimiento) sino cierta comunión mítica con nuestra propia vida. En Keats, en Shelley, en Hölderlin, en Von Platen, al hablar de Grecia, sus mitos y sus jornadas, se pone máscara de prestigio, a lo que (entre otras cosas) están sintiendo los poetas mismos: nostalgia del paganismo, entendido como mítico amor a la vida, pasión, moral abierta, apetito de belleza, o renovación (y aún destrucción) de la

15

vida burguesa creada por el cristianismo, católico o protestante. Y cuanto más avanzamos a nuestra estricta contemporaneidad, más esa actitud inaugurada por los románticos, se vuelve evidente. Pensemos en los *Poèmes Antiques* de Léconte de Lisle, en Nerval, en Carducci, en Pierre Louÿs... Pensemos en *Horacio en España* (1877) de Menéndez Pelayo, o en los poemas que Valera llamaba *sabios* del propio D. Marcelino. O más cerca en A.E. Housman, en Thomas Mann, en Stefan George, en Brecht, en Giraudoux *(Anfitrión, La Guerre de Troie n'aura pas lieu)*, en Unamuno, en Cocteau, en Camus *(Caligula)*, en Kaçantsakis, en Valèry[4]... Aunque sin ir lejos ni ser exhaustivos —y aún quedándose en el terreno poético— el uso aludido (personalizado, nostálgico, hodierno, connotativo) de la *tradición clásica* está en libros como *Invocaciones* (1935) de Luis Cernuda, *Las ilusiones* (1943) de Juan Gil-Albert, o sus *Homenajes* (publicados en 1976, pero escritos en 1964) o *Materia narrativa inexacta* (primero titulado *El Santo Inocente*, 1965) de Francisco Brines. Thèophile Gautier había dicho: *Au temps heureux de l'Art païen.* Y Nerval, aquel emblema: *Car la Muse m'a fait l'un des fils de la Grèce...* Sonido o música o nostalgia —pero siempre con idea de futuro— que, desde finales de los años setenta, sonaba otra vez, inquietante, en España.

A caballo entre la última tensión de la Generación del 70 (que siguieron menos los miembros de la primera hora) y las primeras apariciones de la generación del 80 —hablar de *generaciones* sirve para trazar la panorámica, y aclara las

---

[4] Para un acercamiento a este tema inmenso pueden verse —como síntesis y modelo— los libros de José S. Lasso de la Vega, *Helenismo y literatura contemporánea*, Prensa Española, Madrid, 1967. Y *De Sófocles a Brecht*, Ensayos Planeta, Barcelona, 1971.

grandes líneas— resurge una *tradición clásica* que no sólo no rechaza, sino que busca y apetece, la alusión helénica. Cavafis (pluralmente traducido) va a ser muy pronto poeta abusado por la moda. Catulo es también nueva y variadamente versionado, y el mito y el paganismo se entienden (o encubren) actitudes vitales estrictamente contemporáneas y aún urbanas. Pensemos en *Los devaneos de Erato* (1980) de Ana Rossetti (que aún en *Dioscuros,* 1983, perseverará, atenuándose en la línea), en *Cielos e inviernos* (1979) del entonces inaugurado Ramón Irigoyen, *Prosopon* (1980) de Victor Botas (que también se asienta, ampliándolo, en este estilo, hasta su reciente *Retórica,* 1992) en *El enigma de Eros* (1982) de José Luis García Martín (que pasará pronto hacia una poesía experiencial menos cultista), *Sonetos y desnudos* (1980) de Narzeo Antino, el más tardío *La propia vida* (1986) de David Pujante (traductor del *Antinoo* de Pessoa) y naturalmente en libros de autores conocidos antes (aludí a ellos) como *Hymnica,* la nueva edición de *Museo de Cera* (1984) de José María Álvarez —en esta estética entra también su *pastiche, La Edad de Oro, Antología de 16 poetas de la Antigua Cartagena,* 1983—, en buena medida *Astrolabio* (1979) de Antonio Colinas (que enseguida emprenderá camino hacia otra poesía, si sensorial, más metafísica) y el breve y curioso *Dioscuros* de Leopoldo María Panero, lejano a su estética habitual, y quizá intento o contaminación (como el poema *Interior* de Martínez Sarrión) por acercarse a un modo poético entonces —finales de 1982— encumbrado...

Hasta aquí he nombrado a poetas (en un momento u otro) pertenecientes a la generación del 70. Da la sensación de que el regusto culturalista, que venía del tiempo *novísimo,* hizo más apetecible esta poesía de la experiencia, teñida de helenismo íntimo o externo, para los poetas de ese grupo, ya que en los poetas nuevos, la tendencia se encuentra en menor medida. Podríamos citar *Alma del tiempo* (1978) de Luis Martínez de Merlo (que combinará esta forma, al principio sin agudizar la estética, con otros acercamientos a la *tradición clásica* en *Fábula de Faetone,* 1982 y *Orphenica lyra,* 1985) el inicial *El Sur* (1980) de Serafín Senosiain Erro, *Hiperiónida* (1982) de Aurora Luque, *Las Bacantes* (1984) de Mercedes Escolano, *En el banquete* (1987) de Andrea Luca o *Tras sus doradas huellas* (1986) de Alberto Montaner Frutos, que algo debe también a la estética *veneciana.* Entre los autores hoy más conocidos o estimados de la generación del 80, podríamos hallar aún señales de grecismo en el primer libro de Felipe Benítez Reyes, *Paraíso manuscrito* (1982).

Pero, considerando que esta forma, en general más aparente, de la *tradición clásica* sólo de manera tangencial (o inicial) interesa a los poetas del ochenta, cabría ver qué elementos constituyen esta estética, quedando acaso, como suelo de fondo, para la continuidad en otro modo de la tradición. Considerando —además— que esa línea *grecista* alcanzó tal éxito y fructificó tanto en epígonos menores (a partir sobre todo, de 1983) que, después, Juan Goytisolo pudo hablar, en chiste atinado e injusto, de *los cien mil hijos de Cavafis*[5], fórmula en la que Goytisolo —tan punti-

---

[5] Dice literalmente Juan Goytisolo: *la cáfila o rebaño elegíaco de los cien mil hijos de Cavafis,* en *Notas sobre la poesía de Jaime Gil de Biedma,* Revista Litoral (Homenaje a Gil de Biedma), Málaga, 1986.

Juan Goytisolo —a quien evidentemente seduce poco el modo poético de la *tradición clásica*— hizo el juego, acaso sin saberlo, a quienes, por aquellos años, se referían a autores diversos agrupándolos (como malicia doble) bajo el rótulo ridículo de *poesía cernudiano-cavafiana,* unión de dos poetas muy diversos, dentro de la *tradición clásica,* a los que une —sí— su condición homosexual. Como si, por opuesto

lloso en lo que le afecta— no separaba las voces de los ecos, ni tan siquiera influencias como la de Cernuda o Gil de Biedma, tan distintas en sí, de la estrictamente cavafiana.

El uso de la *tradición clásica* bajo esta forma grecista, supuso el corte definitivo con la *estética veneciana,* guardando el afán culturalista. Trajo o volvió a traer (pero bajo máscaras cultas) la poesía de la experiencia, y un apetito de cotidianeidad, nuevamente disimulado por homenajes y nombres ilustres. Su preocupación formal —mayoritariamente— no iba hacia la métrica ni menos hacia las estrofas clásicas españolas, sino que prefería el verso libre y sus combinaciones, aunque la atención rítmica a los poemas es mayor, en renovación, que la que suele atribuírsele. Redescubre —en esa búsqueda de las fuentes latinas, Catulo, Marcial— la sátira bajo su fórmula epigramática, y siguiendo el planteamiento inaugurado bajo los románticos nórdicos, asistimos en general a un proceso en el que el poema busca poderosamente acercarse a la vida real y contemporánea sobre la que reflexiona o se refleja, bien que el poeta precise en general máscaras y adornos clásicos que —además de ensanchar la significación o connotación del poema— ofrecen una pátina de cultura, que se desea como ocultamiento y como prestigio. Los temas serán, pues, del mundo cercano, pero propendiendo a abstracciones ilustres, marcadas por la tradición. No sólo el tiempo que huye o la caducidad de las

---

motivo, cometiéramos el disparate de mencionar una *poesía nerudíano-saliniana,* porque ambos celebran mujeres. Bien que, refutado el disparate y la maldad (a los que se agregó Goytisolo) verdad es que, la estética grecista, e incluso cierta moda efébica, produjo (mediando los 80) cansancio, epigonismo y repetición. Lo que —como siempre— nada tenía que ver con los mejores.

cosas, sino la perfección celeste de la belleza, y a menudo, su encarnación en cuerpos juveniles.

Vaya —de ejemplo— un poema de José María Álvarez, fechado en 1985.

LA BELLEZA DE HELENA

Pensad en Troya.
            La historia es
conocida. El viento
de la destrucción arrasando
sus murallas, el hierro griego que traspasa
la carne de sus hijos, la peste de la muerte,
los alaridos bestiales de Casandra.
Y recordad entonces algo.
Ni en la última hora
pudieron los troyanos
condenar a la mujer que les trajera
su aniquilación.

            Culpaban a los dioses.
Y en el abismo del horror aún conservaron
el sueño que los había deslumbrado
ante Helena.
Y perecieron
Y pereció su estirpe.
Sin que ninguno se atreviera
a condenar a la Belleza.

La «tradición clásica» en cercanía

Si en principio *tradición clásica* es la búsqueda (con intención renovadora) del mundo grecolatino; yendo más adelante, *tradición clásica* puede ser además la búsqueda de los autores que, remitiéndose en última instancia al concepto lírico o satírico de la poesía helénicoromana, resulten históricamente más cercanos al que escribe, incluso preferentemente hispanos. Y así cuando la *tradición clásica* se vuelve cuestión de sentimientos, temas y tono, puede prescindir de las referencias exteriores clasicizantes que, finalmente, acaban por resultar retóricas.

A mediados de los años ochenta el sesgo grecista empachaba de epígonos y fingido tono latino (que afectó también a autores de generaciones maduras, piénsese en *Tesalas para un mosaico* —1985— de Vicente Núñez) y claramente los poetas nuevos, la ya actuante generación del 80, había abominado (dijimos que nunca fueron devotos) de esa tendencia. Los nuevos poetas buscaban las formas más cercanas de la *tradición clásica,* autores del siglo, y sus preferidos compañeros de ruta fueron los poetas de la Generación del 50, a los que reivindican y exaltan (pero sobre todo a Gil de Biedma, Brines y a Ángel González) y los poetas de la generación anterior que, abandonando el culturalismo y el verso libre, reclaman una poesía de la experiencia, más cotidiana y más medida. Ahí estarán Juan Luis Panero (versolibrista y cultista, sí, pero de autores y mundos muy cercanos), Francisco Bejarano, especialmente a partir de *Recinto murado* (1981), que posee aún algún rasgo grecista, y sobre todo en *Las tardes* (1988); pero muy especialmente, Jon Juaristi, Luis Alberto de Cuenca, Andrés Trapiello y acaso (ha tenido menos eco) Lorenzo Martín del Burgo o Abelardo Linares. Juaristi con *Diario del poeta recién cansado* (1985) y *Su-*

ma de varia intención (1987) une cotidianeidad, ironía y vuelta ocasional a la métrica clásica. Cuenca, esencialmente con *La caja de plata* (1985), reincide en otro modo de lo cotidiano, y utilizando también versos tradicionales, hace entrar el sueño (como lo hará Martín del Burgo en *Raro* — 1982— y *Jarvis* —1987—) en esa misma cotidianeidad que no teme los nombres cercanos de novias, ni los de las calles del barrio favorito. Abelardo Linares a partir de *Sombras* (1986) y de su último libro, *Espejos* (1991), abandonado el afán cultista de su primer texto, entra también en el ámbito del amor cercano, de los sueños como parte de la vida, y de ese hacer métrico, que une la poesía con sus medidas más habituales. Todos ellos son poetas de voz propia aunque cuenten (se han unido estéticamente a la generación más joven) con rasgos comunes. Quizá el más sintomático de los aludidos —por el lado buscadamente provocador de sus títulos— sea Andrés Trapiello. Su segundo libro se llama *Las tradiciones* (1982) —título que usará para la reunión de su poesía en 1991— y su último, hasta hoy, *El mismo libro* (1989). *Las tradiciones* a que alude Trapiello, ese no importar volver a lo de siempre, son autores cercanos a los que aludiré enseguida (en su caso Unamuno, Antonio Machado y el Juan Ramón más lírico, esencialmente) pero sobre todo, sus temas. Cuando Trapiello habla de *tradiciones* está aludiendo a asuntos que la poesía novísima —por ejemplo— hubiese juzgado periclitados, pero de los que nuestro autor (menos formalista métricamente, al inicio, que sus compañeros) presume: La vida del campo, los paisajes, la vida de las cosas, la melancolía de las tardes, noviembre triste, las viejas ciudades provincianas, el crepúsculo, los libros viejos... Dice Trapiello (en el poema *Unos soportables* de *La vida fácil* (1985): *Mi vida son ciudades sombrías, de otro tiempo.* Y titula otro poema del mismo libro: *Belleza de las cosas marchitas.* La *tradición* es, aquí, cre-puscularmente, lo cercano anterior, entendiendo como mejor vida. El mundo provinciano sentido como paraíso y correlato de un alma. Por lo demás si ese mundo y esos temas están ya en *Las tradiciones,* sus libros siguientes —que no varían de cosmovisión— son formal y poéticamente más logrados. Si con estos autores —a los que podríamos añadir a Javier Salvago, Miguel d'Ors o Eloy Sánchez Rosillo— estamos ya en el umbral de la tradición clásica en la estricta generación del 80, de la que los referidos —según ya dije— se consideran compañeros de viaje, hora es de ver, los ingredientes que para esta generación tiene este uso tradicional. (Naturalmente las características que voy a enumerar no se cumplen todas en todos los autores, pero siempre se halla en ellos alguna).

1. Reivindicación de la Generación del 50. Quizá Jaime Gil de Biedma sea el poeta-emblema. También Francisco Brines.

2. Reivindicación del tono coloquial o nostálgico de los modernistas menores (Fernando Fortún) o el lirismo elegíaco temporal de Antonio Machado.

3. Reivindicación de Manuel Machado de *El mal poema:* Poesía de la bohemia y de la noche.

4. Acercamiento al onirismo cercano. Maestría de Borges. Quevedo.

5. Acercamiento a poetas extranjeros próximos a lo anterior: Auden y aún más, Philip Larkin (traducido varias veces por Álvaro García). También los simbolistas últimos: Francis Jammes. Las teorías de Eliot y Auden. Quizá Umberto Saba y los *crepuscolari* italianos. De fuera o de nuestro idioma poetas o próximos: De este siglo o finales del pasado. Los clásicos como tales quedan de telón de fondo.

6. Poesía de la experiencia: Cotidianeidad, claridad, te-

mas próximos, sean urbanos, amatorios o nostálgicos. Evocaciones del pasado. Fuerte presencia de la temporalidad. Elegía. Paisajismo.

7. Retorno al verso clásico blanco (endecasílabo y alejandrino sobre todo, heptasílabo a veces) y otras a la métrica clásica: Soneto, pero también la alambicada sextina. Usada modernamente por Pound y Auden, pero también por Gil de Biedma. Casi siempre se prefiere el verso tradicional al libre (que existe asimismo) aunque sin llegar a los amaneramientos amerengados de los discípulos andaluces de Antonio Carvajal —poeta de mérito— supuestos reivindicadores del Siglo de Oro. Otra estrofa no rara —muy machadiana— será el serventesio o el cuarteto de rimas cruzadas en alejandrinos.

8. Voluntad (hacia el lector) de conmover, lejos del intelectualismo frío o del culturalismo exhibidor. El poeta —como el lector— es un *hombre normal,* de todos los días. Que el poema parezca la vida, recree la vida. Experiencias comunes y una base (coloquial) de lenguaje colectivo. El poeta no es un chamán, ni un brujo, ni un esteta excepcional. En su prólogo a la poesía de Felipe Benítez Reyes, Luis García Montero habla de *una poesía que le sea útil al lector*[6].

9. Actitud sentimental, alusiones familiares, vitalismo hedonista. Búsqueda de la intensidad. (La del instante y la que el poema busca salvar en sí mismo). *Tradición clásica:* Experiencia, elegía, hechura culta.

[6] Luis García Montero, *Felipe Benítez Reyes, la poesía después de la poesía* (pág. 18). En Felipe Benítez Reyes. *Poesía (1979-1987),* Hiperión, Madrid, 1992.

Poetas de esta «tradición clásica» (Algunas notas)

Quizá sea Juan Lamillar uno de los poetas de esta línea con mayor propensión metafísica. Su poesía parte de la experiencia y se recrea en imágenes. Suele ser una poesía sensorial —no en balde es uno de los nuevos que más se reclama de un poeta redescubierto por la generación anterior, Pablo García Baena— pero el final no es una constatación moral o personal, sino cierta abstracción que quiere superar la anécdota. Todo lo cual es bien visible en su último libro publicado, *El paisaje infinito* (1992) en el que parte de temas dados —temas queridos y frecuentemente familiares— para buscar una visión global (a veces con toques borgianos) esencialista. Quizá sea la de Lamillar la poesía más *literaria* desde la orilla de la experiencia y el poema habitable.

La poesía de Luis García Montero —un tiempo el más cercano al tono de Gil de Biedma— es quizá la que cumple más rigurosamente y al fin con más personalidad, los postulados de una renovada poética de la experiencia. Poesía que habla y medita sobre la vida más cercana, García Montero ha sabido hacer guiños a los gustos de su generación por la estrofa y la rima *(Rimado de Ciudad, Egloga de los dos rascacielos)* pero es uno de los poetas que se ha mantenido más cercano a una poesía de ritmo propio, esto es (como quería la modernidad) que cada poema cree su ritmo interior. Reflexiva y tierna (García Montero, con un grupo granadino de amigos, reivindicó una *nueva sentimentalidad)* su poesía busca desesperadamente la cotidianeidad en su aspecto más coloquial y hasta más humilde. Su último libro, *Las flores del frío* (1991) —que será uno de los libros emblemáticos de la generación, bajo esta mirada de *tradición*— se acerca en sus poemas más logrados y originales (véase *Tienda de muebles)* a lo que he llamado *nueva poesía social.* Una salida (como veremos adelante) a la posible cerrazón de una poética —este uso de la *tradición clásica*— a punto de cumplirse. García Montero es uno de los poetas del haz generacional para quien más nítidamente una poesía clara, racional o experiencial, debía suponer, al tiempo, modernidad, entendiendo por tal (entre otras cosas) cercanía a las formas de vivir más contemporáneas. Diría yo que en esto (y hablo de poetas de calidad) *Las flores del frío* es la antípoda de *El mismo libro* de Trapiello. Sin embargo —otro signo generacional— el coloquialismo de García Montero, su cercanía a la escena directa, la entrada en el texto de lo que algunos llamarían antipoético (los reiterados mensajes de las azafatas en el avión) no supone jamás dejación de un verso cuidado y pulido que debe conmover. Y en literatura —sabemos— es la forma la que emociona.

Iniciándose con un libro que —como dije— algo debía aún a la veta cultista y helénica de la *tradición clásica* (pienso en poemas como *Murmullos en escuela neoplatónica* o *Ética a Julio* en *Paraíso manuscrito)* a partir de *Los vanos mundos* (1985) Felipe Benítez Reyes pasó a ser uno de los poetas más característicos de esta generación. Su tono, su decir, la claridad del verso (que siempre ha defendido en sus poéticas) hacen de él uno de los poetas más *clásicos* del grupo. Ha usado a Manuel Machado y a Borges, pero también a poetas del Siglo áureo a quienes, naturalmente, no ha imitado. Gustoso de la estrofa y sobretodo del verso clásico, ha conseguido frecuentemente que el sonido del poema no esté lastrado por lo sabido y sonoro de los ritmos. Su poesía de la experiencia —siempre de impecable hacer— se ha decantado habitualmente por el mundo de la bohemia juvenil nocturna o por temas literarios que alcanzan (desde el sentimiento del yo) el *fugit irreparabile,* la juventud —y aún la adolescencia— perdidas, y la melancolía que resulta de ambas cosas (tiempo y juventud). Poeta a menudo citado por sus coetáneos (véase el poema de Lamillar *La palabra imposible*) viene a ser uno de los paradigmas del grupo, en especial, con *La mala compañía* (1989): Elegante, razonador, melancólico, bohemio, literario, experiencial, moderadamente coloquialista (coloquialismo de buen fingidor) Benítez Reyes es uno de los más puros representantes de este tono que comento de la *tradición clásica: Ya nos lleva la vida por senda enenebrada, / solos ante la destrucción de cuantos amamos.*

Si podemos decir de un poeta que es cercano a otro, salvando bien sus singularidades y diferencias, nada más natural que acercar a Carlos Marzal con Felipe Benítez. Marzal, con su primer libro —*El último de la fiesta,* 1987— nos llevaba a un mundo de mala vida, de pasiones oscuras, de nocturnidad urbana, digámoslo, con menos literaturidad que Benítez Reyes, aunque en cercanía. Marzal es también un poeta de verso nítido, meridiano, pero en él la poesía de la experiencia se va (también eso es clásico) hacia lo sentencioso. De pocos poetas se podrán sacar, fácilmente, tantos versos lapidarios, y sobre todo en *La vida de frontera* (1991) hay —más allá ahora del nocturnerío— un talante meditator, filosófico de filosofía moral y eudaimomista que es quizá —en el verso bien hecho, en lo clásico asumido, incluso a veces queridamente pulido— su tono más propio: Parnasiano y vitalista. Poeta aficionado a los toros, Carlos Marzal —haciendo nítido lo que muchos de su generación asumen más privadamente— ha encarado el miura de las influencias. (Véase su poema *Media verónica para don Manuel Machado.*) Al aceptar ser nieto de Don Manuel —no es el único— o podría haber dicho, asimismo, sobrino de Francisco Brines, está aceptando un magisterio e incluso una *imitatio,* que es consustancial a la *tradición clásica* (todos somos, necesariamente, hijos o nietos de alguien que nos informa)

27

pero está proclamando y demostrando, también, que tal hacer no es jamás óbice para la existencia de voz propia y aún de propio hacer. Al apoyarnos sabiamente en un maestro, le asumimos y le modificamos, y tras esa elaboración íntima, surge otra voz que es, claramente, la nuestra. Este procedimiento, naturalmente frecuente en la generación que comento (e insisto, en cuantas buscan el paraguas de lo clásico) Carlos Marzal lo ha desvelado en un atinado poema.

Leopoldo Alas se abrió a la poesía con un libro desigual y lleno de chispas originales: *Los palcos* (1988), quizá uno de los textos del grupo generacional que contenía más embriones de singularidad: Delirios de adolescente divertido que veía el mundo con un punto de asombro, que incluía dentro la locura de la racionalidad. En *La condición y el tiempo* (1992), Alas se ha acercado más al tono habitual de su generación: Poesía de experiencia y meditación, el lado lúdico ha desaparecido bajo el manto de la reflexión, o mejor del daño, La poesía última de Alas, más clásica, más reposada y honda, es —formalmente— una de las menos cercanas del grupo al ideal (no seguido por todos) de los metros clásicos. En esto Leopoldo Alas se acerca más a los poetas de la generación anterior —pese a sus últimos intentos de normalización— que, como he dicho, creían más en los hallazgos del versolibrismo que en los esperables repiques del alejandrino. Cotidianeidad y discurso sobre lo vivido —repensado en la tranquilidad, diría Wordsworth— siguen constituyendo la base, a la par que un lenguaje habitual suavemente literaturizado. (Menos en el caso de Alas, que en Lamillar o Benítez Reyes.)

Esperanza López Parada es, hasta hoy, el único poeta de los aquí recogidos aún inédito en libro. Su cercanía a la *tradición clásica* (en lo que he podido conocer) es meditativa. Busca una poesía donde el factor experiencia quede sometido a una reflexión que le acercaría a lo abstracto. Ello es evidente en el libro titulado *Los tres días,* pero se vuelve más luminoso, más cercano a una experiencia de un yo colectivo, en lo avanzado de *Las causas transparentes* que parece un intento —inconcreto en su concepción— de rehacer a su modo la célebre *Antología de Spoon River* de Edgar Lee Masters, naturalmente deudora —desde su título— de los epitafios de la *Antología Palatina.*

Uno de los grandes temas de la poesía de la experiencia, y por ende de la *tradición clásica,* es la rememoración, revisitar el pasado, modo perfecto de amalgamar experiencia, nostalgia —ligada al tiempo— y meditación sobre la vida. Eso es lo que ha conseguido el libro más logrado de José Antonio Mesa Toré: *El amigo imaginario* (1991). Pasando de la métrica clásica (sonetos no estruendosos, no esperables) a un verso libre asilvado, asistimos en todo el libro al repaso de una vida joven que (porque es tiempo) puede sentir pesadumbre y nostalgia. Al rehacer una biografía los temas experienciales aparecen en su plenitud: Familia, amigos, vivencias sexuales, recuerdos veraniegos de ocio... Sin embargo toda esta temática hallará su más hondo sentido poético al sentirse embarcada en el tiempo, fluyendo, escapándose... Muchos lectores —y desde luego los menos afectos a esta poética— suelen extrañarse de la prontitud con que una tenaz melancolía aparece en poetas que apenas han cumplido (o no han cumplido) treinta años. ¿Se puede hablar de *moda*? Epigonalmente sí, porque entonces el poeta vive en el modelo de otro. Pero en los poetas genuinos, la melancolía es auténtica: No es sino la sensación —archiclásica— del pasar del tiempo. Pensemos que Jorge Manrique —gran melancólico— murió con treinta y nueve años. La melancolía es una forma (diría Machado) de la propia palabra en el tiempo.

Empezando en una poesía bien hecha que debía algunos timbres a Luis Rosales *(Santuario)*, Vicente Gallego ha llegado con su último libro —*Los ojos del extraño,* 1990— a uno de los textos básicos del tono generacional. En un verso libremente clásico, Gallego (el más amatorio, sino el más erótico de todos estos poetas, el más inspirado por la pasión del cuerpo) alcanza el equilibrio que busca la poesía más clásica: Simbiosis entre temas vitales, lengua coloquial (no confundir con coloquialismo) y un andimiaje de ingredientes cultos que, más o menos explícitos, conforman la estructura del poema. La nostalgia se contrasta siempre con el arrebato, y la vida se centra en la carne y en los libros. Por lo demás frente a poemas que parecen —en los peores poetas de esta senda— no enfocados, no nítidos, neblinosos (lo que en poesía de la experiencia es un defecto) los poemas de Gallego son siempre textos nítidos, melancólicamente racionalistas, sin que ello les merme un ápice de misterio. En la *tradición clásica* la vibración poética (misteriosa) del poema empieza después de la luz, la claridad o el deslumbramiento. Lo que tampoco le impide a Vicente Gallego —aunque no lo ostente— una propensión metafísica, aprendida quizás en su paisano Francisco Brines.

Tras unos inicios titubeantes, Álvaro García, con su libro *La noche junto al álbum* (1989), ha acertado con el tono propio. Ha elegido —como luego su coterráneo Mesa Toré— el repaso de lo vivido.

Pero desde esa cercanía los resultados son obviamente distintos. Como en su poética declara, Álvaro García busca *lo sencillo, lo útil* (palabra muy generacional) y lo *esencial.* Sin ninguna necesidad de volverse abstracta —pese a su concentración— la poesía de Álvaro busca la intimidad, mejor, el corazón de la intimidad. Frente a los poetas cercanos a lo narrativo, él apuesta por una poesía minimalista, aunque experiencial y surgida de una reflexión (quintaesenciada) sobre su propio vivir. Poesía, pues, biográfica que se siente tentada por una manera concentrada que habitualmente suele ser más propia de poetas intelectualistas o cercanos a la *poesía pura*. La singularidad de Álvaro García radica en dar un tono moral y vital a unos poemas que parecen destinados a lo cristalino. Al poliedro frío.

También Luis Muñoz —que se inauguró como poeta muy joven— ha iniciado su tono con *Septiembre* (1991). Libro (como el mes que evoca) sobre la pérdida de la adolescencia o la primera juventud. Aunque la tendencia de Muñoz sea meditativa, volvemos a encontrar aquí (con otra voz) los ingredientes que hemos visto como definitorios del uso experiencial de la *tradición clásica:* Vitalismo, elegía, reflexión de cercano aire moral, bienhechura formal, que busca menos en el caso de este poeta, los referentes clásicos. Una poesía esencialmente de la pérdida. Porque es imposible encarar el amor a la vida (que toda poesía elegíaca alberga) sin esa sensación de transitoriedad y ocaso. Adviértase en el mejor poema —me parece— de Luis Muñoz: *Fábula del tiempo*. Todos los poetas resumen (con voces propias, diferenciadas, logradas o esperanzadas) una poética esencial y unitaria. Una poética del humanismo.

* * *

Naturalmente la tradición comentada no se acaba (dentro de los poetas de la generación del 80) en los que he escogido y citado. Me parece justo agregar otros títulos y nombres: *De la renuncia* (1989) de José Gutiérrez, *La tumba etrusca* (1992) de José Carlos Llop, algo tentado por el culturalismo al modo de la generación anterior, *Europa* (1986) de Julio Martínez Mesanza, *Sortilegio* (1983) de José Ángel Cilleruelo, *Un verano de los 80* (1991) de Antonio Rodríguez Jiménez, *Lugares comunes* (1991) de Leopoldo Sánchez Torre, *Carcel de amor* (1988) de Amalia Bautista, *Vidas ajenas* (1991) de Rafael Inglada o todos los poetas que aparecen en la antología de Francisco Bejarano, *La poesía más joven. Una antología de la nueva poesía andaluza* (1991). Pero acabaré con un libro reciente, *Vuelta de hoja* (1992) de Antonio Cáceres, que es un verdadero epítome de todos los caracteres apuntados en esta manera de la *tradición clásica:* La estrofa se muestra del soneto a la sextina (incluso hay un soneto dedicado al soneto), la melancolía se mezcla con la temporalidad, el amor sereno con el culto a los amigos y un cultismo no ostentoso (las alusiones a Ariosto, por ejemplo) con los viajes. Libro transparente, meditativo, experiencial y de versos que propenden a la luz (sin olvidar a Borges o a Manuel Machado) *Vuelta de hoja* es un compendio, el punto de madurez (¿de inflexión?) de una trayectoria estética. Quizá un poema de este libro pueda ser cifra de esta tendencia:

IMAGEN CONOCIDA

de soslayo los miras y en sus ojos
burlones cuando pasas te reflejas
como guiñol de huraño gesto.
Te sientes observado y los rechazas.
Quizás porque no entiendes al muchacho
que con ellos iría cada noche
por los bares, tratando de encontrarse.
Así se van, si no los más dichosos,
los años cuyo paso es más ligero:
sin sospechar que son una corriente
que nunca se detiene, irreparable
Espejismo de ti, si la desdeñas,
también sientes nostalgia de esa imagen.

Consideraciones últimas

Toda antología —como ha quedado claro— es una opción. Yo he hecho la mía. Me parece prudente, realista y también esperanzada. Sin embargo es tanto el epigonismo que empieza ya a surgir en esta estética —que tan atractiva ha resultado a los más jóvenes— que no me parece muy difícil advertir que esta no es una antología de inicio sino de cierre. O en otras palabras, los poetas que pretendan perseverar en alguna forma de la *tradición clásica* se verán, muy pronto, forzados a un giro. Los más perspicaces y alerta ya lo saben. Siempre es difícil adivinar hacia dónde vaya ese giro, pero presumiblemente (dentro de los baremos de esta tradición) deberá ir hacia una intensificación del realismo y el coloquialismo, lo que llamo *nueva poesía social* (que desde luego no debe implicar descuido formal) acaso una poesía del *realismo sucio* (los aspectos más degrados o sórdicos de la vida urbana) o una poesía de mirada más colectiva. Una poesía que se plantee la renovación de los *topoi* literarios: Hablar de la tristeza o de la angustia, sin las imágenes del mar otoñal o de la lluvia tras los cristales. O —desde otra perspectiva, que conecta con lo último apuntado— una indagación en la plural e inquietante condición psíquica del hombre, que abra nuevos caminos a la expresión —razonada, brillante, comunicable— de la interioridad.

Apuntar que el uso que recojo de la *tradición clásica* ha tenido en Andalucía —aunque en absoluto de manera exclusiva— un campo de mayor cultivo, pero también de peores excesos. (El sonetismo repetitivo, o el uso mimético y anacrónico de los grandes poetas del *XVII*), y en la colección *Renacimiento* de Sevilla (dirigida por Abelardo Linares) uno de sus sitiales, casi diría —aunque nuevamente haya excepciones, dentro y fuera— el paradigma.

El sesgo clásico siempre ha sido (ya ha vuelto a ser) un gozne clave en nuestra poesía.

Concluir diciendo que si responsabilidad mía es el nombre de los antologados, los poemas incluidos han sido —básicamente— elección de cada autor. A todos les pedí un poema como poética, para evitar aclaraciones en prosa ya hechas (y aún varias veces) por casi todos. Finalmente recordar que el origen de esta antología está en las jornadas sobre *Poesía última* que se celebraron en Madrid, en el Círculo de Bellas Artes, en Noviembre de 1991, organizadas por mí y auspiciadas por la *Fundación Loewe.* Dar gracias a Enrique Loewe, y a Jesús García Sánchez —que mostró interés inmediato por el proyecto editable— me parece un buen fin. A los antologados les gustará, creo, este epílogo latino. Dice Quintiliano: *Prima est eloquentiae virtus perspicuitas,* que se podría traducir: La primera virtud de la elocuencia es la claridad.

Que siga siéndolo.

Luis Antonio de Villena
Madrid-agosto-1992

JUAN LAMILLAR
(Sevilla, 1957)

Libros publicados (poesía):

— *Muro contra la muerte* (1982)
— *Interiores* (1986)
— *Música oscura* (1989)
— *El arte de las sombras* (1991)
— *El paisaje infinito* (1992)

POÉTICA

¿Para alcanzar qué voz,
qué cuerpo presentido,
qué noche de amistad,
qué playa embelleciendo la memoria,
escribo este poema?

Alguien decía unos versos,
y una música oscura perduraba
más que el mar esa noche.

¿Cómo trazar tu risa en el recuerdo,
y aquel fulgor vencido de la hoguera?
¿Qué rescoldo brillante me quema ahora las manos?

Frente a otro mar más misterioso escribo.
Frente a otra playa aún más intangible.

(De *Música Oscura*)

CIUDAD DEL SUR

Este claro sosiego de luz mediterránea
en la ciudad celeste, invadida de sol.
Aquí, no conoce la sombra más sendero
que el de la huida, para seguirlo siempre,
y el blancor incendiado de los muros
no tarda en contagiarse si caminas despacio
por callejas de fieltro.
Porque este sol es gozo aunque te hiera,
y tan oscuro el mar desde la noche en calma,
y tan hondo el silencio mientras lo estás mirando,
que nada es tan difícil como querer marcharte
en busca de otros sitios donde acabar tus días.

Ciudad que en la ceniza tatúa sus ceremonias
y con el mar las unge y con el sol las alza
a vivir cotidiano, en ti, contigo, siempre.

(De *Muro contra la muerte*)

PARA VENCER AL TIEMPO

El que logre disolver la mirra en
la sangre, vencerá al Tiempo.
Canciller Bacon

Mirra en la sangre para vencer al Tiempo.
Mirra disuelta en sangre, y oscuros pasadizos
para llegar a lluvias. Hermosos samurais
combaten entre juncos. Para vencer al Tiempo
y saber esta noche nuevos itinerarios,
viajes imposibles.
Mirra en la sangre contra lo que corrompe.
Aquellas ciudadelas en eclipse,
o la ermita en ruinas junto a la laguna,
la enorme soledad de las montañas,
senderos que bordean un monasterio.

Detente en los brocados, renacentistas joyas,
tempestades en calma del Giorgione.
Para entrar en el Tiempo, las puertas de Ghiberti,
el solo resplandor de su equilibrio.

Mirra en la sangre: será tu esclavo el Tiempo,
y recorres ahora Lisboa revisitada,
bajas de los tranvías, mirador frente al Tajo,
y aquel cuadro del Bosco en el Museo,
música de Bontempo, la tumba de Camoens,
la sombra dividida de Pessoa.
Esos muros azules corrompiéndose: ventanas a la noche.

Para vencer al Tiempo, mirra en la sangre.
En oscuras ciudades te seguiría buscando,
recordando jardines donde estuvimos juntos,
la música y los besos compartidos.

Samurais en derrota, hermosos centuriones,
abandonan batallas, pasadizos de lluvia.
La brisa entre los juncos. Mirra en la sangre.

Para vencer al Tiempo, este poema.

(De Interiores)

EN SOMBRA, LOS AMIGOS

Si esta eternidad fuese tan sólo música.

En sombra, los amigos. Charlie Parker
creciendo oscuramente en la penumbra.
Salgo al balcón, y me adentro en la noche:
me miente la ciudad su madrugada.
Otra vez los amigos,
el resto de ginebra en las conversaciones,
los estantes, las fotos, este momento único
de ironía y juventud.

Si esta eternidad tan engañosa,
tan desoladamente plácida,
fuera tan sólo humo,
canción triste apagándose.
Charlie Parker nos vence, aunque esta pieza
ya la tocó mañana.

(De *Interiores)*

LA PALABRA IMPOSIBLE

Alguien está escribiendo un último poema,
lúcida ceremonia, incierta despedida,
pues no hay muros de cal contra la muerte,
y sí jazmines póstumos, y sombras.
Recuerda ahora su primera entrega,
los mitos que forjó cuando era joven,
sus lejanos poemas de naufragio,
la luz dejándose abrazar por un ángel en llamas.
Contempla un paraíso manuscrito,
los vanos mundos que persiguió un día,
aquel cuadro del fauno que se burla,
desde lo azul, de todo. Siente leve
la trágica conciencia del instante,
y pasión y paisaje dan fe de su existencia.
En interiores calmos, su soledad conforme
va trazando viajes imposibles,
y abre junio, junto al portón oscuro,
simbólicos museos, reconstruye teselas
de un mosaico que representa el mundo.
Para aplazar la muerte, está jugando ahora
con viejos epitafios de suicidas,
con la caja de plata de amores ya extinguidos.
Escucha el contrapunto de las horas
mientras traza la rúbrica, la fecha.
Vuelve a leer el raro sortilegio,
variaciones sobre un tema que no puede
extinguirse.

Más allá de la noche, en lo oscuro,
los silenciosos acogen la palabra imposible.

(De *Música Oscura)*

LISBOA: UN RECUERDO

Puede que sea Lisboa tu voluntad perdida,
la ciudad entre salmos que continúa llamándote.
Aunque volver sería peregrinar en vano,
sé que regresarás, solitario y vencido,
perdiéndote en Alfama, como si nunca
hubieses transitado su laberinto humilde.
¿Recuerdas, además de azulejos y tranvías,
el acordeón suplicante de aquel ciego,
sorpresa hiriente en los pasillos grises
del metro, allá en la Baixa?
Arrasaba su música el silencio de estío,
y la canción vulgar sonaba por solas galerías,
transformada en lamento.

Subir hacia la luz significó aquel día
abandonar a Orfeo en su doble tiniebla.

(De *Música Oscura*)

EL MILAGRO DE LA LUZ

Si detienes el tiempo, la música y la noche,
todo lo que es posible que detenga el amor
según las tradiciones, según las fantasías:
el curso de los astros, el rumbo de los ríos,
el cauteloso proceder de la Historia y sus gestos,
detén la luz también en este instante:
se hará el milagro de la luz,
que exalta a mediodía la grandeza del mundo,
la infinitud del mar que nos contempla.
Haz que esta luz nos acompañe siempre,
gozosamente inmóvil, en todos los exilios
posibles de la vida, en todos los infiernos
—tan oscuros sin ti— que nos prometen.
Haz que la luz sea mar, y tiempo, y laberinto,
y compartida soledad contigo.

(De *El arte de las sombras*)

ILUMINADO MAR DESNUDO

Tras meses de interior, de nuevo el mar.
Ensombrecido, iluminado mar desnudo.
Nos sigue interrogando como entonces.
Desde siempre pregunta y acompaña.
Es tema en la ciudad y aquí presencia.
Su eternidad es falsa: ha aprendido a fingirla.
Es falso que se deje surcar por los navíos.
Nunca sucedió ningún naufragio.
Nadie habitó jamás sus jardines inciertos.
¿Puede ser sueño el mar? ¿Puede ser rosa?
Caballos en la orilla definen su inconstancia.
Es un tiempo distinto el que lo rige,
y una misma belleza lo hace mito.

(De *El arte de las sombras*)

LA DESPEDIDA DEL FANTASMA

Ya no vendré más a molestaros.
Ya no más en la noche los extraños ruidos,
las luces que se encienden a solas, inseguras.
Adiós al tintineo de la cerámica
y a la risa sorpresa de los cuadros.
Adiós a los cuidados y amorosos desvelos
con que cerrábais puertas y ventanas
y mirábais los muebles con lenta incertidumbre.
Ya no veréis mis huellas imprevistas
—leves huellas, de acuerdo— sobre el sillón,
a un lado la ginebra y el suplemento semanal.
Amé vuestras costumbres, que siempre interrumpía.
Gocé las desnudeces que a veces me obsequiábais,
cuando al salir del baño os quedábais atentos,
escuchando mi risa apenas perceptible.
Yo corregía poemas olvidados
y añadía precisión a los artículos
interrumpidos en la noche.
Deslicé alguna vez algunas fechas falsas,
algún dato espectral e inexacto:
ni siquiera cobraba mis disfraces.
Jamás tuve la idea de aparecerme
en sábana interior: casto y sencillo
vagaba en ese limbo que son las casas cultas:
drama en la biblioteca
al no encontrar el *Libro de los Muertos*
(me entretuve leyendo *Pedro Páramo*).

Para no despertaros, me puse auriculares
cuando quise escuchar la colección de *Requiems*
(la versión del de Mozart, excesiva y romántica).
No tengo tiempo ya de ordenaros el álbum
de las fotografías: amigos y viajes.
Dejo ya de inquietaros:
conozco demasiado de vosotros,
y ahora que acaba junio debo vagar por playas
y otros sitios propicios a las apariciones.
Adiós, adiós, amantes
para los que fui invisible:
espero saludaros en cualquier otra vida.

(De *El arte de las sombras)*

LOS AUTÓMATAS

Este noble interés por los autómatas,
sus arduas convicciones, sus secretos,
sus mecanismos pálidos de amor y complacencia,
sus fugaces horóscopos, su inenarrable afán
de burla hacia lo eterno.
Acaban en sí mismos sus geométricos goces,
sus oscuros designios infalibles.
Su alma es un conjunto de resortes
de mágica y efímera influencia.
Una sonrisa azul de mayólica amarga
aparenta la vida entresoñándose.
Autómatas de Innsbruck, de Yuste o San Lorenzo,
espejos contrariados de Césares y príncipes,
fatuos divertimentos de fiestas cortesanas.
Advertimos en ellos el desdén, el presagio.
Su música es metálica y niega el sentimiento.
Sorprendemos sus manos anunciando la nada,
trivial desolación y la costumbre impuesta
de repetirse siempre, de alzar su eternidad
mientras construyen simulacros, triunfos, ceremonias.

(De *El Paisaje infinito*)

SOBRE ALTARES Y SÍMBOLOS

La amable negligencia de tu voz
en tan distintos ámbitos, tus gestos
contenidos, la aurora de tus ojos,
dan al instante toques de lujuria.
La refuerzan el oro adormecido
y salomónico, letras de incienso
escribiendo en la noche,
y sones de azabache despertando
las fieras escondidas en las tumbas:
los leones heráldicos, las águilas
con sus alas de muerte,
acaso el unicornio en un blasón
que custodia un olvido, unas cenizas.
Dime si no es verdad que ahora tú reinas
sobre altares y símbolos,
en la luz claururada de vidrieras solemnes,
mientras yo soy tu esclavo, atado a la columna.

(De *Imagen del verano*
—Inédito—)

EL PACTO CON LA SERPIENTE

Me salvó Mario Praz de la catástrofe.
Tú tan lejana, creando incertidumbre
con llamadas —escasas— de teléfono.
Los celos, su fantasma, paseando
por mi mente, mi cuarto, por mi vida.
Y escribe Mario Praz sobre fantasmas
—esta vez culturales—, sobre el doble
y D'Annunzio, sobre Proust y Kokoschka,
sobre la más hermosa de las tumbas,
y vas desvaneciéndote, y ya eres
tan tú que la otredad no me lastima
con el mismo rigor, con su insistencia.
Pero paso la página y, de nuevo,
tras la imaginación prerrafaelista,
aparecen tus gestos, tus palabras de duda,
el laberinto que querrías salvar,
una frase que duele porque no aclara nada.
Vuelvo al *liberty* y a los Nazarenos:
de nuevo eres un nombre y un perfume,
una confusa situación, tan leve.
Pacté con la serpiente tu secreto.

(De *Imagen del verano*
—Inédito—)

51

LUIS GARCÍA MONTERO
(Granada, 1958)

Libros publicados (poesía):

— *Y ahora ya eres dueño del puente de Brooklyn* (1980)
— *Tristia* —en colaboración con Álvaro Salvador—
(1982)
— *El jardín extranjero* (1983)
— *Rimado de ciudad* (1984)
— *Egloga de los dos rascacielos* (1984)
— *Diario cómplice* (1987)
— *Las flores del frío* (1991)

POÉTICA

Río seco, silencio
que bordea la puerta de mi casa.

En el cauce de piedras estancadas
se levanta la hierba,
aparecen objetos sorprendidos,
mundos sin nombre,
vida que se confunde con la muerte.
Pero hay tardes que llevan mis dos ojos
hasta el cauce del río,
y entre las piedras fluye
el agua imaginada de la luz
deshaciéndose.

Quizás...,
tal vez por eso,
alguien plantó los árboles enfrente,
vinieron labios jóvenes,
bancos humanizados por la sombra.
Y sobre el cauce vuelan muchas tardes
pájaros y miradas, solitarios
rostros que se persiguen en el agua,
buscando un tiempo vivo y detenido,
una memoria
en la que sujetarse.

Yo no le debo besos,
pero quise deberle este poema.

(Inédito)

SONATA TRISTE PARA LA LUNA DE GRANADA

A Marga

«*Le ciel est par-dessus le toit.*»
Paul Verlaine

Esta ciudad me mira con tus ojos,
parpadea,
porque ahora después de tanto tiempo
veo otra vez el piano que sale de la casa
y me llega de forma diferente,
huyendo del salón,
abordando las calles
de esta ciudad antigua y tan hermosa
que sigue solitaria como tú la dejaste,
cargando con sus plazas,
entre el cauce perdido del anhelo
y al abrigo del mar.

Si estuvieras aquí
nada hubiese cambiado sino el tiempo,
el cadáver extraño de sus ríos
que siguen sumergidos
como tú los dejaste.

Ahora
siento otra vez mi cuerpo poblarse de veletas
y lo veo extendido

sobre generaciones de ventanas antiguas
mientras la noche avanza solitaria y perfecta.

Somos de una ciudad
cargada de paciencia,
que no conoce el sueño de los invernaderos,
ni ha vivido la extraña presencia del amor.
Como pequeñas venas
los comercios esperan para abrirse mañana
y el deseo no existe
más allá de la luna de los escaparates.

Hemos soñado ya todos los sueños,
hemos vivido aquí
donde la historia olvida sus raíles vacíos,
donde la paz es negra y se recoge
entre plazas cerradas,
sobre tabernas viejas,
bajo el borde morado del misterio.

Alguna vez soñamos
con un mundo distinto:
era cuando el imperio perdido del azúcar
y llegaban viajeros
al olor de la industria.
Las calles se llenaron de motores rugientes
y la frivolidad
como una enredadera brillante por los ojos
nos ofreció de pronto
templada carne, lámparas de araña.

Parece que os recuerdo
abrazados al mundo entre trajes de hilo,

entre la piel hermosa de una época
que nos dejó sus árboles,
el corazón grabado
sobre las pitilleras, y su dedicatoria
en las fotografías.

Ahora
cuando el destino ya no es una excusa
sino la soledad,
y los cielos están bajo el tejado
como tú los dejaste,
todo recuerda un sueño sucio
de madrugada.

Aquí
no tuvimos batallas sino espera.
La guerra fue un camión que nos buscaba,
detenido en la puerta,
partiendo con sus ojos encendidos
de espía
y al abrigo del mar.
Más tarde
entre canciones tristes de marineros rubios
todo quedó dormido.
De balcón a balcón
oímos la posguerra por la radio,
y lejos,
bajo las cruces frías de las plazas,
ancianas sombras negras paseaban
sosteniendo en las manos
nuestra supervivencia.

Esta ciudad es íntima, hermosamente obscena,

y tus manos son pálidas
latiendo sobre ella
y tu piel amarilla, quemada en el tabaco,
que me recuerda ahora
la luz artificial del alumbrado.

Vuelvo hacia ti. Mi corazón de búho
lo reciben sus piernas.
Como testigos mudos de la historia
acaricio las cúpulas perdidas,
palacios en ruina,
fuentes viejas
que recogen la luna
donde van a esconderse los últimos abrazos.

Verdes en el cansancio
de todas las esquinas
esta ciudad me mira con tus ojos de musgo,
me sorprende tranquila
de amor y me provoca.

Amanece
moradamente un día
que las calles comparten con la lluvia.
La soledad respira más allá
de las grúas
y mi cuerpo se extiende
por una luz en celo que adivina
los labios de la sierra,
la ropa por las torres de Granada.

La madrugada deja
rastros de oscuridad entre las manos.

Oigo
una voz que clarea. Lentamente
los tejados sonríen cada vez más extensos,

y así,
como una ola,
entre la nube abierta de todos los suburbios,
esta ciudad se rompe sobre las alamedas,
bajo los picos últimos
donde la nieve aguarda
que suba el mar, que nazca la marea.

(De *El jardín extranjero*)

RECUERDO DE UNA TARDE DE VERANO

Aquel temblor del muslo
y el diminuto encaje
rozado por la yema de los dedos,
son el mejor recuerdo de unos días
conocidos sin prisa, sin hacerse notar,
igual que amigos tímidos.

Fue la tarde anterior a la tormenta,
con truenos en el cielo.
Tú apareciste en el jardín, secreta,
vestida de otro tiempo,
con una extravagante manera de quererme,
jugando a ser el viento de un armario,
la luz en seda negra
y medias de cristal,
tan abrazadas
a tus muslos con fuerza,
con esa oscura fuerza que tuvieron
sus dueños en la vida.

Bajo el color confuso de las flores salvajes,
inesperadamente me ofrecías
tu memoria de labios entreabiertos,
unas ropas difíciles, y el rayo
apenas vislumbrado de la carne,
como fuego lunático,
como llama de almendro donde puse

la mano sin dudarlo.
Por el jardín, el ruido de los últimos pájaros,
de las primeras gotas en los árboles.

Aquel temblor del muslo
y el diminuto encaje, de vello traspasado,
su resistencia elástica
vencida con el paso de los años,
vuelven a ser verdad, oleaje en el tacto,
arena humedecida entre las manos,
cuando otra vez, aquí, de pensamiento,
me abandono en la dura solución de tus ingles
y dejo de escribir
para llamarte.

(De *Diario cómplice)*

CANCIÓN

Bajo una lluvia fría de polígono,
con un cielo drogado de tormenta
y nubes de extrarradio.

Porque este amor de llaves prestadas nos envuelve
en una intimidad provisional,
paredes que no hacen compañía
y objetos como buhos en la sombra.

Son
las sábanas más tristes de la tierra.
Mira
cómo vive la gente.

(De *Diario cómplice)*

CANCIÓN 19 HORAS

¿Quién habla del amor? Yo tengo frío
y quiero ser diciembre.

Quiero llegar a un bosque apenas sensitivo,
hasta la maquinaria del corazón sin saldo.
Yo quiero ser diciembre.

Dormir
en la noche sin vida,
en la vida sin sueños,
en los tranquilizados sueños que desembocan
al río del olvido.

Hay ciudades que son fotografías
nocturnas de ciudades.
Yo quiero ser diciembre.

Para vivir al norte de un amor sucedido,
bajo el beso sin labios de hace ya mucho tiempo,
yo quiero ser diciembre.

Como el cadáver blanco de los ríos,
como los minerales del invierno,
yo quiero ser diciembre.

(De *Las flores del frío*)

BARRIADA DEL PILAR

Ellos son diferentes.
Lo saben porque el tiempo detiene su mercado
y pasa sin usuras
ni diezmo de silencio,
por una extraña conspiración de vida.

A las tres de la tarde,
en la pequeña intimidad de un coche,
se apagan los latidos del trabajo,
al ritmo lento de la caravana.

Ellos son diferentes.
El universo frena su mecánica,
de beso en beso, en nube
de piel enrojecida,
porque el amor los marca todavía
al mes de conocerse, los abraza
como paredes húmedas
de pintura reciente.

Y ya no importa el rumbo de las tres
de la tarde, las horas
casi envueltas en papel de regalo,
entre nombres que salen de su antigua rutina,
Barriada del Pilar, ocho kilómetros
por una carretera con semáforos,
coches encadenados, impaciencia

de gente que se cruza y las afueras
de una ciudad sin brillo en la cuneta.
Ellos son diferentes.

Pasa el amor y deja
sus huellas, es verdad; pero te juro
que también hay nostalgia de uno mismo,
necesidad de abrirse hasta una imagen
más piadosa del mundo.

Si no tenemos prisa, le dice, mientras vuelve
a frenar y la besa
con los ojos cerrados un momento.

(De *Las flores del frío*)

TIENDA DE MUEBLES

A Silvia y Felipe

En la tienda de muebles
hay mil casas vacías. Los espejos,
la perfección pulida de las mesas
y de los canteranos,
el cristo de Dalí, las acuarelas,
los armarios, las camas, todo duerme
con la inquieta nostalgia de sus metros cuadrados.
Y campanadas de reloj que saltan
sin nadie a quien llamar,
también quisieran
vivir en los horarios, ser mañana
una versión doméstica del tiempo.

Es mayo en el jardín. Una pareja
se vigila los labios con mirada de nácar,
merodea en las dudas que conducen
hasta el beso primero,
ese que por la noche se medita
y vuelve a repetirse, natural, encendido,
como un gesto mecánico.

Luego serán los meses estampas de almanaque,
decorados que corren a la cita.
En agosto provoca la distancia
cartas de buen amor. Pero septiembre,
cómplice de los árboles, propone

una sabiduría de plazas y jardines,
y la luz del otoño
es igual que un abrazo detenido,
tiembla confusamente,
como tiemblan las horas en la casa de Alberto,
no habrá nadie mañana,
tú ya sabes quién es,
mi mejor compañero de trabajo.

Verte desnuda
o comprender el hueco de las manos,
no tengo miedo, amor, porque te quiero,
me gustas con las luces encendidas,
aún es pronto,
llámame cuando llegues,
voy a colgar, mi madre
necesita el teléfono.

La luna impertinente de los sábados
se apoya en la guantera del 127
y por los hombros cae
lenta como las luces serenadas
sobre la discoteca.
Pero también es bello el sol de invierno
en las mañanas de domingo.
Mis padres quieren conocerte,
hace ahora dos años que salimos,
yo puedo trabajar, tal vez nos llegue
con mi sueldo y la rosa de tus labios,
ayer encontré piso,
amor, verte desnuda
es comprender el hueco de mis manos,
balcones frente a un río, poco a poco

lo iremos amueblando, yo quisiera,
cuántas mensualidades,
envejecer contigo en esta casa,
en esta habitación, en este beso.

En la tienda de muebles
hay mil besos vacíos. Ayúdame a escoger,
mira la cama grande y abrazada,
el sofá de las tardes infinitas,
un armario que puede
doblar las estaciones y guardarlas,
de cuánto los recibos,
la mesa familiar, mira el espejo
que sabrá la estatura de los niños,
podemos firmar letras,
amor, es tu desnudo
lo que divide el mapa de las sábanas.
Seguir, envejecer, soñar la vida
en el tanto por ciento de un abrazo.

Serán felicidad, memoria fuerte
los muebles de la casa,
hasta llegar al sueño más oculto de un hijo,
ese que funda el tiempo
y vuelve por las noches,
natural, encendido de huellas primitivas,
de valores eternos
que se compran a plazos
y tal vez con un poco de rebaja.

(De *Las flores del frío*)

INTENTO, SIN COMPAÑÍA,
DE REHABITAR UNA CIUDAD

Pienso en la solución confusa de este cielo,
la lluvia casi a punto en la mirada
débil que las muchachas me dirigen
acelerando el paso, solitarias,
en medio del acento que se escapa
como un gato pacífico
de las conversaciones.
Y también pienso en ti. Es la exigencia
de cruzar esta plaza, la tarde, Buenos Aires
con nubes y mil cables en el cielo,
cinco años después
de que lo conociéramos nosotros.

Los que vienen de fuera siguen viendo
ese resumen ancho de todas las ciudades,
ríos que de tan grandes
ya no esperan el mar para sentir la muerte,
cafés que han encerrado
la imitación nostálgica del mundo,
con mesas de billar y habitantes que viven
hablando de sus pérdidas en alto.

Mientras corre la gente a refugiarse
de la lluvia, empujándome,
pienso desorientado
en el dolor de este país incomprensible

y recuerdo la nube
de tus preguntas y tus profecías,
selladas con un beso,
en la plaza de Mayo,
camino del hotel.

Testigos invisibles para un sueño,
hicimos la promesa
de regresar al cabo de los años.
Parecías entonces
eterna y escogida,
como cualquier destino inevitable,
y apuntabas el número de nuestra habitación.
Ahora,
cuando pido la llave de la mía
y el alga de la luz en el vestíbulo
es lluvia rencorosa,
vivo confusamente el desembarco
de la melancolía,
mitad por ti, mitad porque es el tiempo
agua que nos fabrica y nos deshace.

(De *Las flores del frío*)

NOCTURNO

A Ángel González

Aplauden los semáforos más libres de la noche,
mientras corren cien motos y los frenos del coche
trabajan sin enfado. Es la noche más plena.
Ninguna cosa viva merece su condena.
Corazones y lobos. De pronto se ilumina
en un sillín con prisas la línea femenina
de un muslo. Las aceras, sin discreción ninguna,
persiguen ese muslo más blanco que la luna.
Pasan mil diez parejas, derechas a la cama
para pagar el plazo de la primera llama
y firmar en las sábanas los consorcios más bellos.
Ellas van apoyadas en los hombros de ellos.
Una federación de extraños personajes,
minifaldas de cuero, chaquetas con herrajes
y el hablador sonámbulo que va consigo mismo,
la sombra solitaria volviendo del abismo.
Luces almacenadas, que brotan de los bares,
como hiedras contratan las perpendiculares
fachadas de cristal. Hay letreros que guiñan,
altavoces histéricos y cuerpos que se apiñan.
El día es impensable, no tiene voz ni voto
mientras tiemble en la calle el faro de una moto,
la carcajada blanca, los besos, la melena
que el viento negro mueve, esparce y desordena.
Yo voy pensando en ti, buscando las palabras.
Llego a tu casa, llamo, te pido que me abras.

La ciudad de las cuatro tiene pasos de alcohólica.
Desde el balcón la veo y como tú, bucólica
geometría perfecta, se desnuda conmigo.
Agradezco su vida, me acerco, te lo digo,
y abrazados seguimos cuando un alba rayada
se desploma en la espalda violeta de Granada.

(De *Rimado de ciudad,* inédito)

LIFE VEST UNDER YOUR SEAT

A Dionisio y José Olivio

Señores pasajeros buenas tardes
y Nueva York al fondo todavía,
delicadas las torres de Manhattan
con la luz sumergida de una muchacha triste,
buenas tardes señores pasajeros,
mantendremos en vuelo doce mil pies de altura,
altos como su cuerpo en el pasillo
de la Universidad, una pregunta,
podría repetirme el título del libro,
cumpliendo normas internacionales,
las cuatro ventanillas de emergencia,
pero habrá que cenar, tal vez alguna copa,
casi vivir sin vínculo y sin límites,
modos de ver la noche y estar en los cristales
del alba, regresando,
y muchas otras noches regresando
bajo edificios de temblor acuático,
a una velocidad de novecientos
kilómetros, te dije
que nunca resistí las despedidas,
al aeropuerto no,
prefiero tu recuerdo por mi casa,
apoyado en el piano del Bar Andalucía,
bajo el cielo violeta
de los amaneceres en Manhattan,
igual que dos desnudos en penumbra

con Nueva York al fondo, todavía
al aeropuerto no;
rogamos hagan uso
del cinturón, no fumen
hasta que despeguemos,
cuiden que estén derechos los respaldos,
me tienes que llamar, de sus asientos.

(Inédito)

FELIPE BENÍTEZ REYES
(Rota-Cádiz, 1960)

Libros publicados (poesía):

— *Estancia en la heredad* (1979)
— *Paraíso manuscrito* (1982)
— *Los vanos mundos* (1985)
— *Personajes secundarios* (1988)
— *Japonerías* (1989)
— *Pruebas de autor* (1989)
— *La mala compañía* (1989)

POÉTICA

Tuvo fulgor de joya, y estaba bien tratarla
con el rigor que exige su rango de abstracción.
Era un cuerpo de niebla, y era oscura.
Al ritmo que marcaba ordené yo mi vida.

A sus pies puse entonces lo mejor que tenía
la edad adolescente: esa ingenua manera
de ser artificiosa. Y a su reino de humo
me llevó de la mano.

Eran vanos los mundos que ofrecía, y ya sé
que, tasada la joya, su valor no es tan alto.
Lo que aún pueda darme, ¿será sólo ceniza,
y algo de aburrimiento?

       Era hermosa en la noche
y quiero recordar —con bastante nostalgia—
la imagen de esos años en que amaba
su belleza en exceso melancólica.

                        (De *Pruebas de autor*)

LA DESCONOCIDA

En aquel tren, camino de Lisboa,
en el asiento contiguo, sin hablarte
—luego me arrepentí.
En Málaga, en un antro con luces
del color del crepúsculo, y los dos muy fumados,
y tú no me miraste.
De nuevo en aquel bar de Malasaña,
vestida de blanco, diosa de no sé
qué vicio o qué virtud.
En Sevilla, fascinado por tus ojos celestes
y tu melena negra, apoyada en la barra
de aquel sitio siniestro,
mirando fijamente —estarías bebida— el fondo de tu copa.
En Granada tus ojos eran grises
y me pediste fuego, y ya no te vi más,
y te estuve buscando.
O a la entrada del cine, en no sé dónde,
rodeada de gente que reía.
Y otra vez en Madrid, muy de noche,
cada cual esperando que pasase algún taxi
sin dirigirte incluso
ni una frase cortés, un inocente comentario...
En Córdoba, camino del hotel, cuando me preguntaste
por no sé qué lugar en yo no sé qué idioma,
y vi que te alejabas, y maldije a la vida.
Innumerables veces, también,
en la imaginación, donde caminas

a veces junto a mí, sin saber qué decirnos.
Y sí, de pronto en algún bar
o llamando a mi puerta, confundida de piso,
apareces fugaz y cada vez distinta,
camino de tus mundos, donde yo no podré
tener memoria.

(De *Los vanos mundos*)

LAS ILUSIONES

Si cada cual saliese una mañana
olvidado de sí, desasistido
de todo su pasado, sin memoria,
con un rumbo inconcreto y en los labios
una canción trivial, alegremente,
dispuesto a no volver atrás la vista
para que nada enturbie esa mañana,
diáfana mañana que posee
el inquietante brillo de las tentaciones
que a veces confundimos con la vida,
si saliésemos y de pronto
qué hermosura perfecta, qué alto vuelo
el de nuestro cansado corazón,
tan luminoso ahora, ¿olvidaríamos
de veras el dolor que padecimos,
el miedo y la tristeza y la locura
de creernos por siempre destinados
al mal y la desdicha? No sabemos.
¿Una mañana apenas bastaría,
diáfana mañana de verano, para hacernos
pensar que aún es posible proseguir,
vivir, después de todo, impunemente?

(De *Los vanos mundos*)

PANTEÓN FAMILIAR

Con un dedo en los labios un arcángel ordena
silencio al visitante que os ha traído rosas.
¿Desde qué paraíso, desde qué oculto infierno
oleréis su fragancia funeral y simbólica?
Ya sé que lo hago en vano. ¿El reino de la nada
tiene dioses benévolos que anulan la memoria,
los recuerdos hirientes como un veneno lento?
Algún día lo sabré. ¿Y yo oleré las rosas
que alguien por cortesía extienda sobre el mármol
de luna helada y muerta?
                              Toda rosa es de sombra
y es fugaz, y se esparce, y es un mundo imperfecto
destinado a morir. ¿Pero queda su aroma
testimonial de vida y hermosura pasadas?
En ese mundo vuestro, ¿se reordena la forma
de la rosa deshecha? ¿Y yo oleré esa rosa?

(De *Los vanos mundos*)

MISERIA DE LA POESÍA

La lenta concepción de una metáfora
o bien ese temblor que a veces queda
después de haber escrito algunos versos
¿justifica una vida? Sé que no.
Pero tampoco ignoro que, aun no siendo
cifra de una existencia, esas palabras
dirán que quien dispuso su armonía
supo ordenar un mundo. ¿Y eso basta?
Los años van pasando y sé que no.

Hay algo de grandeza en esta lucha
y en cierto modo tengo
la difusa certeza de que existe
un verso que contiene ese secreto
trivial y abominable de la rosa:
la hermosura es el rostro de la muerte.
Si encontrase ese verso, ¿bastaría?
Tal vez no. Su verdad, ¿sería tanta
como para crear un mundo, para darle
color nuevo a la noche y a la luna
un anillo de fuego, y unos ojos
y un alma a Galatea, y unos mares
de nieve a los desiertos? Sé que no.

(De *Los vanos mundos*)

LAS SOMBRAS DEL VERANO

Aquel verano, delicado y solemne, fue la vida.
Fue la vida el verano, y es ahora
como una tempestad, atormentando
los barcos fantasmales que cruzan la memoria.

Alguien retira flores muertas
del cuarto de los invitados
y hay una luz cansada tendida sobre el suelo,
como un dios malherido, y van yéndose coches
donde agitan pañuelos unos niños.

                           Trae la noche
un viento helado y bronco que es el viento
del pasado, y en la terraza esparce
hojas secas y rosas y periódicos, mientras miro
el sepulcral avance del mar sobre la arena,
llevándose y trayendo troncos viejos,
hierros llenos de algas, y algún juguete roto.

Ahora recorro
ciudades que son una ciudad sola, y siempre oscura,
cargado de maletas, sin dinero,
buscando un hotel sin nombre
donde alquien me espera
para revelarme aquello que no quiero saber,
para darme una llave...

Oigo esta noche
tu cuerpo desplomarse en la piscina,
y las risas festivas
de los amigos, encendiendo bengalas.

Y estoy
de pronto en una calle, esperándote
para acudir al piso de las citas furtivas,
olor a tabaco rancio.

Se muere el mar de otoño
y hay niños que apuñalan las estatuas
y las olas arrastran candelabros, sables rotos.
Alguien que no conozco me persigue llorando,
pero sé que el verano fue la vida.

Llega un balón rodando hasta mis pies,
a la mesa en que escribo.

Unos niños,
con los ojos vacíos, me hablan
y es un eco trasmundano
el que traen sus voces, que resuenan
en el jardín, como un disco incesante,
cada noche, en la memoria.

Estoy de nuevo
en la ciudad entenebrada que nunca he visitado,
buscando direcciones
que dicta la memoria confusa —y un papel
con cifras de teléfonos que suenan
en salones vacíos.

Me he sentado
en un cafetín del muelle a descansar
y alguien comenta a gritos no sé qué
de una niña suicida, que encontraron anoche
con las muñecas abiertas, y una carta a sus padres...

Se marchaban los coches cuando el sol declinaba,
mientras yo recogía los juguetes
y el mar iba volviéndose más frío,
verde y bronco.

Oigo pasos
y en la casa no hay nadie.

Mi memoria recorre, descalza, el laberinto.

(De *La mala compañía*)

LAS MALAS COMPAÑÍAS

Los amigos que tengo hacen vida de barra,
distraen a las perdidas, salen sólo de noche.
Los amigos que tengo maldicen a la vida
apoyados en barras, meciendo copas frías,
perdidos en la noche.

                A menudo, de noche,
mis amigos dan fiestas y beben vino amargo,
pues saben que la vida exige tales gestos
a la guardia más joven que vela sus castillos,
su leyenda dorada.

                Los amigos que tuve
acosaban de noche a las niñas perdidas,
castigando las barras de los bares siniestros,
castigando las barras.

Los amigos que tuve, si los tuve,
ya no son mis amigos,
que la noche es de nadie y luchamos por ella.
Mis amigos van solos cuando sale la luna
y nos vemos esquivos, y a veces nos hablamos.
Alardea cada cual de sus heridas.

Los amigos que tengo, si los tengo,
llevan luz de la luna en sus ojos cansados.

Yo tengo unos amigos que no sé si los tengo,
cometas que van errantes, gente ociosa que esconde
un corazón helado quemándole en el pecho.

(De *La mala compañía*)

CATÁLOGO DE LIBROS RAROS,
AGOTADOS Y CURIOSOS

¿Quiénes son estos tipos de apellidos sonoros?
¿De qué tratan sus libros, y quién se fija en ellos?
Eruditos locales o duques ilustrados,
¿para qué tanto afán?

               Las artes literarias
tienen mala memoria, y humillan cuanto pueden
al paso de los años, y pisan la letra muerta.
Fatigosas historias y tratados caducos,
sermones o alabanzas de linajes
¿para qué?
Es desdeñoso el arte literario.

Ahora miro estos nombres: son espectros sombríos.
¿Quién leerá estos títulos?, y están a bajo precio.
Si se piensa, cuántas horas
de entregada labor y cuánta altiva
conciencia de descubrir para un futuro
que fue una nube turbia.

La vanidad, ¿qué es eso?
Todos nos perderemos
en el fuego sin llamas del tiempo silencioso.
Todos los libros llevan
un estigma de olvido. Hay una voz en ellos
que enmudece y declina.

Cualquier vida es mal cambio, verdaderamente,
por unas pobres páginas.

(De *La mala compañía*)

LAS NIÑAS

Llegan con los tacones sucios del barro de los parques,
con un perfume espeso de flores venenosas.
Llegan con gafas negras, radiantes, despeinadas;
la noche las recubre con un palio morado.
Toman licores densos con aires de tragedia.
Tienen nombres de diosa, de colonia o de gato.
No son invulnerables a las historias tristes
y huyen de madrugada, como lunas esquivas.

(De *La mala compañía*)

LA NOCHE ARTIFICIAL

El brillo de la noche, ¿qué era eso?

Altivas luces y ruidosos bares,
y unas niñas pintadas, con miradas perdidas
en el cielo estrellado de neón,
huyendo luego en coches que nunca más volvían.

Y en un mismo escenario
la misma sensación, y un aire equívoco:
chasquidos de billar y vasos rotos,
unos ojos huidizos, ruido de tacones,
un cruce de navajas...

            Y entretanto
tu adolescencia deambulando por un cerco de luna,
persiguiendo su enigma por qué túneles,
por qué astros de luz artificial,
en la barra brillante de qué antros de moda.

Y de nuevo esos ojos, ruido de tacones
pisoteando el corazón
enfermo de las estrellas, y otra vez las navajas
abriendo la herida antigua
de la leyenda turbia, de hampa y niebla, de la noche.

Un mundo de cristal el que tenías
en la mano, como una esfera mágica,

y a veces refulgía, y a veces era
una luna de sombra, vagando en el cielo muerta.

¿En qué noche perdiste
el talismán de la aventura, y dónde brilla,
en qué río de fango o en qué
mañana, abriéndose
como la rosa envenenada que cultiva el recuerdo?

Te engañaron los libros con respecto a la noche.
Tú buscabas su brillo y su desgarro,
su aliento bronco, y era
de luz artificial la luna que seguías:
la luna decadente de los versos,
la luna que enloquece el corazón
de los atormentados y los débiles.

Y añoras su reflejo sin embargo.

Porque, después de todo, resultaba inquietante
adivinar el fondo de su enigma trivial,
como quien toma en serio
ir detrás de un tesoro con mapa equivocado,
apostar sin tener cartas marcadas:
                                    esos gestos
que la juventud se lleva tras de sí,
a su tumba de oro.

(De *La mala compañía*)

NOCHE DE SAN JUAN

Qué secreta y hermosa
es la noche festiva para aquel
que no tiene pasado: un tiempo frío
dentro del corazón.
                        Qué exacta noche
de fuego y juventud.
                        Qué diferente
ya de cuando éramos
aquellos que en la sombra
furtivos se besaban y reían.

Las muchachas se obsequian como entonces
y los amigos beben en una copa igual
a la que ya apuramos cuando fuimos
como estos que ahora se adueñan de la vida.

                                            (Inédito)

CARLOS MARZAL
(Valencia, 1961)

Libros publicados (poesía):

— *El último de la fiesta* (1987)
— *La vida de frontera* (1991)

POÉTICA

Por las aguas del cuerpo y de la mente,
la ciudad fluye hacia ninguna parte.
De vivir nos consuela sólo el arte,
que es estar con la gente, sin la gente.

(De *La Vida de frontera*)

EL JUGADOR

Habitaba un infierno íntimo y clausurado,
sin por ello dar muestras de enojo o contrición.
En el club le envidiaban el temple de sus nervios
y el supuesto calor de una hermosa muchacha
cariñosa en exceso para ser su sobrina.
Nunca le vi aplaudir carambolas ajenas
ni prestar atención al halago del público.
No se le conocía un oficio habitual,
y a veces lo supuse viviendo en los billares,
como una pieza más imprescindible al juego.
Le oí decir hastiado un día a la muchacha:
Sufría en ocasiones, cuando el juego importaba.
Ahora no importa el juego. Tampoco el sufrimiento.
Pero siento nostalgia de mi antigua desdicha.
Al verlo recortado contra la oscuridad,
en mangas de camisa, sosteniendo su taco,
lo creí en ocasiones cifra de cualquier vida.

Hoy rechazo, por falsa, la clara asociación:
no siempre la existencia es noble como el juego,
y hay siempre jugadores más nobles que la vida.

(De *El último de la fiesta*)

LA VIDA AUSENTE

La vida estaba en otra parte,
de esa forma en que ciertas mujeres no están para nosotros,
de esa idéntica forma en que nos negamos a estar
para ciertas mujeres.

La vida en ocasiones dejaba adivinarse,
acertaba a sugerirse en su esplendor,
nos concedía un poco de esa vida que todos merecemos,
donde los días bastan a nuestra ambición
y somos casi justos, animosos,
incapaces del llanto o la derrota,
donde tanto gustamos de la vida que la vida nos da
que creemos colmado el breve afán de gloria
a que todos, sin duda, tenemos derecho.
Eso dejaba adivinar la vida en ocasiones;
pero es tan rara la verdadera vida, y tan efímera,
que su misma importancia nada importa,
pues nos deja sabor de incumplimiento,
nos fuerza a desear la vida verdadera.

Quizá nunca entendimos el libro de la vida,
o, entendiéndolo, nos negamos a admitir su desenlace:
que el ocultamiento y la indisposición sean su esencia.
Y un enigmático no acudir a las citas.
Y un íntimo estar siempre en otra parte.
Porque la vida estuvo siempre en otra parte.

(De *El último de la fiesta*)

EL JUEGO DE LA ROSA

Hay una rosa escrita en esta página,
y vive aquí, carnal pero intangible.

Es la rosa más pura, de la que otros han dicho
que es todas las rosas. Tiene un cuerpo
de amor, mortal y rosa, y su perfume
arde en la sinrazón de esta alta noche.
Es la cúbica rosa de los sueños,
la rosa del otoño de las rosas.
Y esa rosa perdura en la palabra
rosa, cien vidas más allá de cuanto dura
el imposible juego de la vida.

Hay una rosa escrita en esta página,
y vive aquí, carnal e inmarcesible.

(De *La vida de frontera*)

MEDIA VERÓNICA
PARA DON MANUEL MACHADO

La crítica, tan crítica, tan lista, me ha indicado
que soy nieto cercano de don Manuel Machado.
Y aunque lo puse fácil, lo normal es el hecho
de que jamás los críticos embistan por derecho.
Hay que enseñar el trapo, embarcarlos muy lento,
darles tiempo a pensar, lidiar con fundamento.
Si se les saca un pase ya es toda una faena;
lo normal es que doblen las manos en la arena.
Qué le voy a contar, don Manuel.

                            He pensado
que usted, en su barrera, me observa con agrado.
Me ve cargar la suerte y jugar bien las manos,
lo que no es muy frecuente entre nuestros hermanos.
Disfruta con los plagios con que le doy salida
a ese toro con guasa del hierro de la vida.
Y aunque mi repertorio es corto y sin alardes,
puedo estar en poeta, al año, algunas tardes.
Por eso le he copiado —para usted, don Manuel—
esta media al gitano, de Paula, Rafael.
Venida de muy lejos, mientras me quedo quieto,
oscura, lenta y única. Para usted, de su nieto.

(De *La vida de frontera*)

LA VIDA DE FRONTERA

Qué fatiga la vida de frontera,
siempre en el territorio de uno mismo,
viendo la diligencia del abismo
pasar conmigo hacia un lugar cualquiera
que acaba siendo siempre mi frontera.

Me ha hechizado la luz, y me ha hechizado
la oscuridad también; de esta manera
la vida es una guerra de frontera,
pasada en desear lo inalcanzado,
mientras la vida queda al otro lado.

Aquí la duración es engañosa,
el tiempo de frontera fluye lento:
es como un torpe navegar violento,
en una inabarcable mar tediosa.
La rosa de frontera no es la rosa.

La rosa de frontera no florece,
sino que enferma alrededor del alma.
La rosa de frontera no es la calma
rosa que en los jardines se adormece.
Es una insomne rosa que enloquece.

La frontera no sé dónde termina.
Llueve dentro de mí, no hay más que un velo
que asciende sangre arriba y cubre el cielo

de cualquier porvenir, con su neblina,
y allí donde camino, se encamina.

Ignoro qué persiguen estas gentes,
del sueño de qué Dios se han escapado,
sin darle tiempo al Dios de haber soñado
sus vidas por entero. Indiferentes,
los dioses siembran sueños inclementes.

Quisiera ser ajeno a esta violencia,
marchar hacia otros climas de mí mismo,
pero al final del viaje está el abismo
adonde me conduce con urgencia
el mismo yo, la misma diligencia.

(De *La vida de frontera*)

LA TREGUA

En la tiniebla urgente de esas casas
que uno acaba pidiendo a los amigos;
en asientos traseros de los coches,
abusando de los malabarismos;
en la frecuentación de los hoteles,
tarde o temprano todos parecidos;
sobre la arena tibia de la playa,
pasado ya el peligro de ser vistos;
en la cama de la casa, que ya es
como una parte de nosotros mismos,
y en los lugares más insospechados
de donde quiera que haya sucedido,
hay una rara tregua de los cuerpos
que es más que el decaer del apetito
(cuando ella va camino de la ducha
o busca entre su bolso cigarrillos,
mientras coge las ropas esparcidas
o se entrega al silencio como a un rito),
porque desaparecen las distancias
y vuelvo a padecer un espejismo:
todas las camas son la misma cama
y un mismo cuerpo todos los que han sido,
todo el tiempo del mundo es ese instante
y en ese instante, el mundo, un laberinto
del que conozco todas las salidas,
porque conozco todos sus sentidos.

Luego esa lucidez desaparece,
y se regresa al cauce primitivo;
de nuevo el mundo es un rompecabezas,
imposible de armar con un principio,
y sólo nos consuela un cuerpo al lado
que solicita un último capricho.

(De *La vida de frontera*)

LA HISTORIA

Junto a un apeadero de tren, ya fuera de servicio.
Bajo el inmisercorde sol, un verano cualquiera,
un corro de muchachos apalean a un perro
y apuestan por saber cuál será el golpe
con que el juego concluya. Cuando desaparecen, aburridos,
el perro, que se traga su sangre, aún consigue arrastrarse
hasta la sombra, y allí queda tendido, sobre la vía muerta.

En la imposible noche de un pabellón de enfermos,
la oscuridad ya sólo un dolor cómplice,
alguien, sin salir de su asombro, pasa recuento al mundo,
imagina la vida fuera de esas paredes, no comprende
que la música, el amor y la lluvia le hayan acontecido
a su cuerpo de hoy día. Y mientras tanto, fiel,
el gotear del suero mide el tiempo.

Sobre el puente de piedra de una ciudad extraña,
cuando el alba se acerca desafecta,
una mujer invoca sus íntimos fantasmas,
que son, uno tras otro, el mapa de la vida.
(Entretanto, y hacia ninguna parte, el agua fluye oscura).
Supo posible la breve recompensa de la dicha,
y hoy pueden más el tedio y el cansancio.
Más tarde el agua lleva, indiferente, un cuerpo.
Y la ciudad lo ignora.

Todas estas escenas son mis contemporáneas.

Tal vez alguien advierta una razón final
que logre atribuirles un sentido.
Yo no acierto a encontrarla.
Antes bien, me parecen los delirios estériles
de un contumaz borracho que sueña nuestras vidas.

(De *La vida de frontera*)

LAS ENSEÑANZAS DEL DOLOR

Una sandez hace ya largo tiempo mantenida
observa que el dolor
es una noble escuela para el hombre,
un preceptor severo que suele concedernos
conocimiento exacto del mundo alrededor
y certidumbre de la intimidad propia.
Esa misma sandez, desarrollada,
sostiene que el sufrimiento proporciona
una medida con la que ponderar
aquello que la vida posee de más digno.
La voluntad, según dicen, se forja
también en la desgracia especialmente.

Es un raro prestigio el que el dolor alcanza
y en su propagación no está libre de culpa
la tierna secta de los hombres de letras.
Por lo que a mí respecta, sé decir
que nada he aprendido en el dolor,
salvo que es incapaz de enseñar nada
que ya no conociésemos.
Cada vez que pretendí entenderlo, recordé
a un idiota asombrado que gesticula y llora
ante la luna llena. Y considero cierto
que el dolor acostumbra a dejar testimonios:
un rastro de dolor que conduce hasta él mismo.
No forja voluntades, a no ser que entendamos
por ello el someterlas. Nuestro mundo,

que es ajeno y confuso de por sí
—como nosotros—, bajo su luz amarga
aparece un poco más confuso,
un poco más ajeno que hasta entonces.
He advertido que regresa incensante
y que en muchos momentos el dolor
es el único límite del día.

(De *La vida de frontera*)

LE BOUT DE LA NUIT

Después de haber amado (y hasta a veces en serio),
y de haber sido amados (incluso de verdad).
Después de haber escrito, pero sin nombrar nunca
lo que era necesario. Después de las ciudades,
los cuerpos, los objetos, después de haber dejado
atrás lo memorable con que hemos coincidido,
después de defraudar, después de defraudarnos,
después de recorrer el callejón del tiempo,
después de la impiedad, después del fuego,
se acaba por llegar al final de la noche.
Y allí la lluvia cae oscura sobre el mundo,
y ya no hay ocasión para decir después.

(De *La vida de frontera*)

PALABRAS

Melodía de frío, mientras la noche avanza.
Unos faros que alumbran en el bosque. Y luego nada.
Un juego en donde, lentos, poder quemar el alma.
Un fuego que no iluminará tu día de mañana.

Otros se equivocaron antes que tú pensaras
que a ti te salvarían. Una trama
circular, sin principio ni fin. Mar sin raya
de ningún horizonte. Si piensas que te aguarda
la suerte en el final de la escapada,
estás listo. Son unas pobres armas
con que hacer frente al tiempo
todas esas palabras, palabras y palabras.

(Inédito)

LEOPOLDO ALAS
(Arnedo, La Rioja, 1962)

Libros publicados (poesía):

— *Los palcos* (1988)
— *La condición y el tiempo* (1992)

POÉTICA

En los tiempos que corren, salvo si tengo miedo,
prefiero estar sin preguntarme nada.
No importa dónde quedan los días que han pasado
ni entender si es eterna la vida, breve o larga.
Lo único que pido son sentimientos claros
y ver la luz del sol cuando despierto.

Comprendo que se va estrechando el cerco
y que el azar me tiende inesperadas trampas.
Los sueños no me alteran porque sé que son vanos
y olvidar me libera de penosas jornadas.
En mañanas oscuras, pocas veces al año,
me cubro con la sábana y lloro por los muertos.

(De *La condición y el tiempo*)

RETRATO

Hay que comprenderlo: en él son transitorias las tormentas,
y sabe Dios si en él hay sentimientos verdaderos.
No tiene fe en los proyectos, y su destino le aburre.
Pero es fácil sorprenderle con los párpados caídos
y el corazón en la mano por un desengaño.
No fue torero porque no quiso;
al principio tenía desmayos con la sangre,
luego la olía, respiraba y se la bebía, con un desplante.

Hay que perdonarle: un sufrimiento de lujo, un tormento
   existencial,
ese punto donde cruzan en la noche sus miradas
el bien y el mal, con un pronto elegante.

Pero luego le ves sufriendo. Y no lo entiendes:
si estaba llamado a ser feliz, si se le notaba en la risa,
si yo respiraba también
el aroma infalible y perdido de su frivolidad.

¿Qué ha sido entonces de todo?
¿Y quién puede inventarse un universo?

(De *Los palcos*)

SIN RETORNO

Cuánta inconsciencia en aquellos
años de fuego, los primeros.
El presente era vivir un período de prueba
y en cualquier momento se podía volver atrás;
eso creíamos, tan jóvenes,
tan miserablemente puros
aun en los gestos peores:
el tiempo era un juego fácil de sombras chinescas
en nuestras manos,
y como en esas pesadillas lentas
de las que siempre, al final,
en el momento más terrible
uno si quiere se despierta
y se incorpora en la cama,
así creíamos los días reversibles.
Como si cada paso no fuera parte de un destino,
y cada palabra no tuviera un eco de sentencia,
y no fuera el capricho,
cualquiera de los tantos,
una elección definitiva.

(De *Los palcos)*

MAL DE AURORA

El taxi frena al ritmo de tu brazo.
Son de fuego las ruedas. Y el costado,
dañado en rojo,
está sucio y es blanco.
Toda la noche se agota a tus espaldas:
hangares de bastardos, aromas vagabundos,
palabras que hacen sombra al pensamiento.
Tú en el asiento tuerces la cabeza
contra el cristal, contra la calle,
y en tus dedos se rinde una caricia.
Habitan tu memoria y tu sonrisa
los semáforos negros.
Quiera el tiempo que no se repita este cansancio,
la desazón de una noche tan larga,
la retirada absurda.
Quiera la luz acercarse a nosotros
y abandonar las mañanas,
para no perdernos solos,
tan oscuros, tan tercos.
¡Si pudiera este taxi devolverme
a jardines con grillos!
Volver a los olores infinitos,
a los senderos secretos de la hierba.
¡Y en cambio, qué gris se respira
volviendo del infierno!

(De *Los palcos*)

UN MUNDO PRIMITIVO

Me gusta tenerte a mi lado
como si pudiera ser normal que estemos juntos.
Incluso rozarnos sin que yo sienta miedo. Como amigos.
No tú el hombre y yo la escoria, sino juntos.
No yo el raro y tú el excelso;
buscando el lodo que no es común para querernos.
No tú las naves y yo las telas,
no yo la infamia y tú la perfidia.
Los dos extraños, desterrados, solos,
perdidos de su sueño.
Abrázame muy fuerte al despedirnos.

(De *La condición y el tiempo*)

EL TIEMPO NOS PERDONA EN BERMEO

Desde el profundo Euskadi, en una ermita
del siglo doce, románica y frágil
que sigue resistiendo, contra todo,
los pérfidos embates de los tiempos,
llegando ya a Bermeo bajo el cielo
más limpio, más azul, más infinito
de cuantos yo recuerdo,
me he preguntado, Lázaro y Fernando,
qué surtidor de sueños alimenta
las piedras centenarias de este templo
tan diminuto y quieto.

Si luego, ya en Bermeo,
me veis cerrar los ojos en el puerto,
no os preguntéis si estoy despierto o duermo.
Ni vivo aquí, ya veis, ni soy el mismo
que ayer en mi ciudad se marchitaba
bajo la sombra rara de unas casas
que no tienen historia.

Estoy con esos brillos que la luz
deja en las bollas negras,
las oxidadas cúpulas de hierro
de fúnebres palacios submarinos
pequeños, despoblados, sin pasillos.
Fernando mira y tiembla.

Yo encuentro una razón para el olvido
de todo lo que a Lázaro le inquieta.

La muerte pone un sello de justicia
y el tiempo, que es sencillo, nos perdona.

(De *La condición y el tiempo*)

LA ALEGRÍA DE PECAR

La farsa del amor qué poco dura.
Un destello y el gusto de la vida en la boca,
como un veneno bueno que mata lentamente
en sucesivas citas.

Te miraba dormir. Te pedí que durmiéramos
y en ti escruté, en tu rostro y en tus labios,
la estela de pasión
de farsas anteriores ya perdidas.
Insomne y asustado, recordé abrazos cálidos,
maneras de entregarse más ligeras
y cuerpos más desnudos.
Evoqué besos húmedos, furtivos,
caricias inconscientes en rincones,
posturas impensables.

En días ya lejanos, pecar no era pecado
y en el amor no había ningún riesgo
salvo saber que es falso.
Anoche, en las tinieblas, el miedo me contuvo:
caricias desterradas del deseo,
los besos comedidos.
Una forma muy triste de amarnos para siempre.

La farsa del amor era un veneno
que hoy mata sin piedad a quien lo bebe.

(De *La condición del tiempo*)

124

EL TIEMPO EN LOS OJOS

No es tanto el tiempo lo que me preocupa haber perdido
como los ojos que tuve, limpios. Y el olor del mar,
un rumor de voces, la playa que sin saber por qué
me represento intensa (aunque sé que ya entonces
era incómoda la arena y abrasaba).
Y más lamento aún que todo aquello nunca sucediera,
que tantos días como supongo he vivido no existan,
ni siquiera en la memoria. Porque no puedo acordarme
de nada. Y es inútil evocar la imagen de siempre:
arena muy fina que se escapa entre los dedos de la mano.
Porque es más triste que una imagen que se escape el tiempo
y que, ahíta de demonios, se te apague la mirada.
Y el olor del mar, un rumor de voces, la playa...

(De *La condición y el tiempo*)

SOMBRAS DE AMOR

Sigo diciendo que no encuentro a nadie
pero ni sé a quién busco
ni en qué lugar me espera de un planeta
que no conozco y que apenas habito,
ni quién eres, si acaso fueras alguien.
Voy como el ciego, extendiendo los brazos
tras el olor de un cuerpo que respiro.

En un tiempo lejano se oyeron voces falsas:
hablaban del amor, que no existía.
Y yo crecí entre errores, confiando
en sombras que llamaban gente buena
y en la mentira amarga de tener sentimientos.

Ahora la vida me quiere desnudo,
incauto y desalmado, y porfiando en un ritmo
que no es del corazón ni del vacío,
midiendo las distancias, los minutos
que salvan al esclavo;
me quiere sometido, solo y frágil.
Y el eco de un mal sueño tortura mis silencios
hablándome de ti, que no eres nada.

(De *La condición y el tiempo*)

126

LA VIDA EN PARADOJA

No es un error, presiento, ni obstinación siquiera
esta forma fatal de estar en compañía,
como al corro de niños.
No es juego, ni un destino.
Es refugio de corros más sombríos
y al fin, después de tanto,
es pánico a las sectas y es aversión al grupo.

Este tiempo letal sin religiones,
este mundo infernal de banderas caídas
no convoca a los hombres alrededor del fuego
por nada ni por nadie,
pero los hace vanos, mortales como siempre,
los incendia por dentro,
enreda sus arterias con el viento.

Arrastra el individuo en este tiempo,
sin filiación ni dignidad ninguna,
en un rincón cualquiera sus cadenas
con la sombra partida.
Y esa inercia social,
ese afán de nivelar no se entiende
si ya no quedan metas ni pautas colectivas
ni el eco visceral que dejan, por la fe,
las voces de los mandos convencidas.

Por eso huyo con otros de las catervas ciegas

que la Historia al caer nos ha tradído.
Y porque nos juntamos, parecemos unidos;
pero es, presiento, un pacto para salvar la piel:
la vida en paradoja nos aleja
de amargas soledades
y nos protege y libra de morir confundidos.

(De *La condición y el tiempo*)

ESPERANZA LÓPEZ PARADA
(Madrid, 1962)

Libros publicados (poesía):

— *La cinta roja* (plaquette) (Málaga, 1987)
— *Los tres días* (inédito)

POÉTICA

Cuando él me contó que había visto por vez primera nevar
tras su visita a la iglesia de Toulouse,
comprendí, por su asombro, los beneficios
que sobre un ser obran algunos fenómenos,
a través de los efectos de la nieve en su imagen del mundo.
Porque él hablaba del silencio que la adelanta y la denuncia,
un agua antes oída y sólo escuchada,
casi desde el borde de la tumba de Tomás extendiéndose.
Hubo quietud más tarde y el viento se redujo.
Las cosas se mantenían calmas, precisas y mirándose,
al cabo de tanto —según me dijo— ya perfectas.
Y todo ello era como una figura pacífica,
algo sensato para recordar y ser descrito.

Parece desierta la región que ella visita.
Va vestida de ciudad y pasea por el campo.
Lleva un paraguas aunque la tormenta
se derrama en otro sitio.
A alguien desea detrás de los arbustos
y detrás de los arbustos quien habita es la liebre.
Sólo la pena mantiene su igualdad
y se levanta allí donde se acuesta.

(De *Los tres días*)

Hemos cambiado el nombre de esta ciudad
para que tú, difunto ilustre,
no seas capaz de hallarla entre la noche.
Hemos variado de color los hogares,
el lecho que ocupamos,
para que tú tan desvaído ahora
no permanezcas y nos aterres
con un amor tenaz que atraviesa la niebla.

(De *Los tres días*)

EL PÁJARO

Te tiene la mujer en su palma y te cobija,
entorna los dedos alrededor y te sostiene.
Te muestra con tanto cuidado, con tantas atenciones,
como un alma amparada en un hueco, como un signo
    perdido
de lo que ahora no está y palpitaba,
de aquello feliz que retenemos apenas un instante,
un gozo y un candor que luego nos esquiva.

(De *Los tres días*)

Los días suceden según un modo oscuro
y nosotros no somos sino el modo
no claro en que los días nos suceden.
Ayer me despertó el grito de la lechuza
cerca en el patio y era un rito
sin ritmo, turbio y hasta peligroso.
Pero el lugar entero a él se sometía.

(De *Los tres días*)

Mientras tú lees a una cierta distancia del libro,
tu vida se aparta de ti y organiza este espacio que vemos.
Se acerca sigiloso un león por los corredores,
crece el naranjo diminuto y rígido en su tallo,
la codorniz y el pavo real se pasean,
se guarda la negrura en el tintero
y con todo el peso cuelga un paño de su clavo.
Es tu espíritu quien establece estos hechos,
los oculta en sí mismos, los defiende y los sirve,
como la lluvia detenida fortalece
el verde de los bosques.

(De *Los tres días*)

ESTELA DE UN JOVEN DE SALAMINA

Si tenía un tenso corazón en medio de los hombros
y el peso de su hígado era exacto,
exacto el equilibrio de humores y perfecto
el salto de sus músculos.

Sólo pudo morir porque una delgada furia
vino a amar el traje de ocaso que es su carne.
Y a nosotros nos daña con su hermosura deshecha
y el negro más negro de su sombra.

(De *Las causas transparentes*)

ESTELA DE UN JUEZ

Desaparecido aquél que nos orientaba,
el país se allana y se nivela.
Puesto que imponía él toda medida,
él dictaba la ley y las escalas.
Ninguno despierta hoy interés,
el alma regresa a sí y cada valle se equilibra.
Se parecen los días a los días.

(De *Las causas transparentes*)

ESTELA DE MARINO

Me véis suave, inclinado sobre lo que me termina.
Mi cuello se sumerge y mi cuello lo observa.
A veces uno lucha con su verdugo así,
durante muchos meses. Me véis contemplándome.
Y aunque nada acabe con esta doble hora,
me miráis feliz asomado a mí mismo,
feliz y entero en la tierra o en el otro sepulcro.
Y el mar en la espalda respira transparente.

(De *Las causas transparentes*)

ESTELA DE MUCHACHA ROMANA

Llevas una amapola sujeta en el pelo
porque confundes letargo
      con el lugar donde vas.

Llevas medio caída la túnica
porque el lugar donde acudes
      con amor lo equivocas.

Marchas desnuda y dormida.
Nadie osa sacarte de tu error.

(De *Las causas transparentes)*

ESTELA DE UN CAMINANTE DESCONOCIDO

Pensativo, sin declarar su origen,
ni dónde sus padres, en qué provincia su altar,
enfermo y semejante a un dios en lo incierto,
en lo acabadamente mudo, este hombre llegó hasta aquí
y aquí descansa, en un punto ignorado
entre la despedida de los suyos y la noche.
Aquí se acuesta, callado y último
y en el tiempo agotado de su viaje.

(De *Las causas transparentes*)

JOSÉ ANTONIO MESA TORÉ
(Málaga, 1963)

Libros publicados (poesía):

— *En viento y en agua huidiza* (1985)
— *El amigo imaginario* (1991)

POÉTICA

Un joven, pensativo, mira el cielo,
paréntesis de luz en el afán estéril
de capturar el tono de la vida en un verso.
Han pasado los años con la prisa
del asesino por borrar las huellas
y el viento y las aguas huidizas se han llevado
la inocencia, las manos que en la noche
disponían los límites del sueño.
Todavía le quedan unas cuantas reliquias:
varios libros firmados, los diplomas
escolares y vanos que afean las paredes
y las cartas que desde la tardanza
le enviara una novia desdeñosa.
No sabe bien si el tiempo se recobra o se pierde
y acaso —piensa ahora— en esa duda
esté la madurez. Ya no tan joven
como para ingresar en las antologías
del ramo, aunque le sigan
diciendo las visitas que es muy listo,
acepta en la bonanza de la tarde
que malgastó las horas persiguiendo fantasmas
entre la densa niebla de los folios.
Y con los ojos húmedos, cansado,
mientras a sus espaldas el cielo se oscurece,
regresa a su cuaderno: *Un joven, pensativo...*

(De *El amigo imaginario*)

LECCIONES DE BUEN AMOR

Había en el colegio un crucifijo
que velaba y velaba por la unión
de un mapa polvoriento y un pueblo elegido
para llevar la lumbre de la fe al corazón
de las bárbaras gentes que fueran sus vecinos.
Se llamaba mi escuela *El Buen Pastor*
y en verdad que debieron ser santos sus oficios
cuidando del rebaño, porque pronto ascendió
de mayoral extraño a mayoral divino.
Quienes no conocimos el horror
de la guerra, en sus aulas sin embargo tuvimos
un héroe apodado El Cid Campeador.
¡Dios, y qué buen vasallo, si hubiese buen Caudillo!
Mi madre y su rosario me hicieron del Señor
y recibí por mayo su sangre con el vino.
Mi padre, menos pío, temiendo lo peor
—era yo varón solo entre sus seis hijos—
quiso hacerme torero o cazador.
¡Ay, cuántos inocentes pajarillos
soportaron martirio en nombre del honor!
Pasaron esos años: ni santo ni ministro
de la grey; por no servir nunca sirvió
mi juventud al celo de la patria. Lo mío
—estaba claro— era declararse objetor
de conciencia, moderno eufemismo
de traidor.
Que vuestro Dios y España, así lo pido,

se apiaden de este pecador
cuya falta más grave fue dárselas de lírico
en un país que nada sabe de buen amor.

(De *El amigo imaginario*)

LAS BICICLETAS

Pasaban el invierno en el desorden
de un desván y el revuelo de sus timbres
era siempre el aviso de salida
para un tiempo sin fechas, soleado.
Por entre los maizales, las veredas
estrechas cara al viento. La disputa
por no llegar el último a la fuente.
O, tras el pedaleo y los vestidos
empapados, los pechos de mis primas
sintiendo la impericia de los dedos.

La adolescencia fue los días claros
entre olores silvestres y la prisa
por saber de la vida sus secretos.
Horas de las que sólo dura el clima
de aquellas excursiones y la inercia
de pecar contra el sexto mandamiento.

(De *El amigo imaginario)*

LA MODA Y EL TIEMPO

Por esta misma orilla y en parecida calma
iban sus pies menudos hacia un tiempo de ocio
y leves confidencias. Desmayada la luz
sobre sus parasoles, volvían a las villas
de nombres extranjeros y té de las colonias.
Las espío en el sepia del recuerdo
las tardes de desgana y aún podría verlas,
pálidas y coquetas, avanzar por la espuma.
Podría aún llegarme hasta sus juegos
y por fin declararles el amor de mi infancia,
si tras la verja un perro fiero no me ladrase
que nunca somos dueños del pasado.

(De *El amigo imaginario*)

BALANCE

La vida agota. Juegos son primero
sus trampas y espejismo la cordura.
El alcohol, las mujeres, el casero
tarde o temprano pasan su factura.
Amor más poderoso que el dinero,
si no acabara siempre en amargura.
Amor que va de vuelo y dice *muero
por ti* mientras nos presta sepultura.
La vida cansa, cuenta la estadística.
El jefe, los amigos, los atascos
mandan al otro barrio corazones.
Pero antes que enrolarme en otra mística,
apuesto por la vida y no hago ascos
a su locura. Tengo mis razones.

(De *El amigo imaginario*)

BARES DE CARRETERA

El lento planear de los ventiladores
sigue la melodía, frecuencia modulada
de una voz que demora sobre los mostradores
del carmín displicente el fin de madrugada.
A estas horas, el timbre de los despertadores
debe estar alertando a la ciudad velada
de que se acerca el día. Un trajín de ascensores
y un trueque de palabras que nunca dicen nada
será toda la historia. Pero tú, en la trinchera
de los últimos bares, resistes el combate
del recuerdo y esperas que un cuerpo te rescate
de otro cuerpo. Sin rumbo, tomas la carretera
y un veloz tiralíneas que temblase es el coche
en el que vas huyendo de ti o de la noche.

(De *El amigo imaginario*)

LA VIDA A OTROS PRECIOS

La tarde entre manteles desteñidos
es también la indolencia de los perros
dóciles a la luz. En la terraza,
fumadores que ojean distraídos
las noticias innobles de los días,
ancianos que recuerdan la vida a otros precios
mientras los naipes ponen sobre el hule
corazones gastados por el uso.
Huéspedes de las horas en las que nada pasa,
sólo unos mondadientes en los labios
confirman su existencia,
la triste mansedumbre del que aguarda
a que la noche entierre sus lamentos.

(De *El amigo imaginario*)

VIEJOS AMIGOS

Que se ven muy de tarde en tarde, lejos
de las noches insomnes en que, cerrado el libro,
confiaban la magia de sus primeras citas,
el carmín indulgente en la casa sin padres.
Entonces desertores del desánimo
y de la misa, hoy lo son del tiempo
en que ensayaban juegos más limpios que la vida.
Una boda, un bautizo, un vuelo de campanas
en el cielo encerado les condenan
a celebrar los mismos chistes malos de siempre,
las bravatas que afloran como acné del pasado.
Y acabado el festín, tan satisfechos
de que amistad y vino mejoren con los años,
cumplen con sus mujeres el soñoliento rito
de perpetuar la especie.

(De *El amigo imaginario)*

FINAL

No siempre es el placer un don esquivo
y ciertas madrugadas nos sorprende
en raros dormitorios la ternura
de un cuerpo del que nada conocemos.
¿Quién se libra entonces de buscar en sus ojos,
más allá del deseo, la promesa
de futuros encuentros, que la vida
nos deje madurar bajo su sombra?
¿Y quién, considerando que en el amor las lágrimas
son tan inevitables como un beso,
no teme, no renuncia a la costumbre
de sus húmedos rizos en la boca?

Por eso me pregunto si aquel tiempo
en que no era delito abrazar tu cintura
volverá —y no tan sólo en la memoria—,
ahora que alza la noche su mirada
y no estás ni en el gozo ni en el miedo.

(De *El amigo imaginario*)

En casa de mis padres unas sábanas
cubren los muebles, barcos fantasmales
flotando en la penumbra. Sin estela
ni signos en el cielo que los guíen
a los días de sol tras las ventanas.
El pasado, ¿será un rumor de voces
apenas perceptible al otro lado
de una puerta vedada a nuestros juegos
que ahora se entreabre? No lo sé.

Los amigos de días colegiales,
los nombres abreviados, ciertos rostros
y ciertas ilusiones fondeadas
en el tintero sepia de los años,
el futuro, cumplido, y el ayer,
por venir todavía, se confunden,
madeja son del tiempo cuyos hilos
enreda el gato ocioso del recuerdo.
Y de aquello que fuimos, ¿quedará algo?
¿Podrán atestiguar estos objetos
aún reconocibles bajo el polvo
que hubo un tiempo, ventura de los míos,
familiar y cercano en esta casa?

(De *El amigo imaginario*)

Ando a ciegas por ella: la memoria
me lleva de la mano por un túnel
de espesas telarañas. Donde estuvo
el hogar y su luz la mano sólo
palpa ceniza. ¿Quién la habita ahora
si no hay entre las sombras sombra alguna
de vida? ¿Es que también mueren las cosas?

Únicamente tú, desde la infancia
amigo más leal que todas ellas,
acompañas mi suerte y desventura.
Te escucho en el silencio de la casa,
aliento mío, sueño mío, sangre
inventada en las horas de desánimo.
Y sé que cuando beso unos cabellos
parte del beso, ferviente, de tu boca;
y al escribir amor siempre es tu pulso
el que firma la voz enamorada;
y en la noche terrible apuras miedos
en el cristal que ronda por mis labios.

(De *El amigo imaginario*)

Si dándote la vida menos dura
y pobre imaginé la mía, leo
ahora en tus ojos fríos la verdad.
Éste y no otro es el juego: recordarme
que también yo pudiera ser invento
de un yo desconocido al que en las horas
de tedio divirtieran mis palabras.
Y esta casa, tan sólo un espejismo
de costumbres domésticas, un árbol
caído en la espesura de los sueños
en cuyo tronco me he sentado a ver
cómo la lluvia borra cada huella
de mis antepasados.

(De *El amigo imaginario)*

VICENTE GALLEGO
(Valencia, 1963)

Libros publicados (poesía):

— *Santuario* (1986)
— *La luz, de otra manera* (1988)
— *Los ojos del extraño* (1990)

VICENTE GALLEGO
(Valencia, 1963)

POÉTICA

(A man of no fortune and with a name to come)
Wim Mertens

Entrego muchas horas a mi cuarto,
comparo algunas tardes, por ejemplo,
a un animal prehistórico y herido,
o a la dama que arroja, lentamente,
su lencería oscura a mi ventana.
Pero sé que la tarde es sólo eso:
una costumbre antigua de mis ojos.
Me reprocho a menudo muchas cosas
a las que no me atrevo, y los errores
que a veces cometió mi atrevimiento.
Procuro parecer un poeta mundano,
como John Donne, profundo y algo frívolo,
que se cuente conmigo en cualquier fiesta,
aunque suelen mis versos, y mi vida,
traicionar esa imagen.
No sabría explicaros, con rigor,
por qué razón escribo, abandono
esa fatiga a mis colegas doctos,
mas no quiero curarme el vicio absurdo
de las letras. Me gustan las mujeres,
pero ellas, por más que yo lo intento,
no me ayudan a ser un mujeriego.
Por su causa he sufrido de verdad
—jamás finjo el dolor que hay en mis versos,
aunque finja tal vez otros motivos—.

Se podría decir que soy feliz
en general, sin sorna ni entusiasmo,
y me veo corriente —aunque me gusto—,
creedme que lo siento, pues habría
querido para mí más altas metas,
otros tiempos proclives a la gloria.
Intento sin embargo acomodarme
a este papel que a veces me incomoda
por discreto, por triste o por amargo.
Hago inventario de los nombres idos
—procuro hacerlo con palabras bellas—,
y pierdo el tiempo censurando al tiempo
su actitud descortés para con todos.

(De *Los ojos del extraño*)

OCTUBRE, 16

Despierto. Pesa el sol sobre mi rostro
y la arena ha tomado mi forma levemente.
Me incorporo y el cielo inunda mi existencia,
un cielo de ningún color sino de cielo,
de cielo que yo veo en una vela,
la vela diminuta recortando
fijando el mundo entero en su contraste.
Y luego el mar que no es la vela y es inmenso
pues cubre hasta mis pies y no concluye.
Reclinado entre mar y cielo yo me acojo
a la vela, me agarro y subo hasta quedar
sentado por completo.
El mar entonces me abandona, se retira
y la arena se moja, avanza, se seca y se calienta
confluyendo en un punto y acercándose a mí,
pero un cangrejo cruza, la desvía
y mis ojos se van con el cangrejo,
y el cielo se hace rojo en su coraza,
y el mar se pierde y nada pesa. Abstracción
y exactitud de un punto en el espacio que acumula,
cuando todo parece tan lejano
que ha llegado hasta mí en el otro extremo.
Y al alargar la mano atrapo el universo
pleno y fugaz en este instante sólo,
al igual que en las grandes esculturas
vida y arte no descansan en el bulto
sino en ese detalle que despierta

nuestro asombro. Desaparece el crustáceo
y nos apaga el mundo.

(De *La luz, de otra manera*)

NOVIEMBRE, 15

Con esta sola mano
me fatigo al amarte desde lejos.
Tendido luego bajo el viejo ventanal
espero a que el sudor se quede frío,
contemplo el laberinto de mis brazos.
Soy dueño de un rectángulo de cielo
que nunca alcanzaré. Mas no son ganas
de volar, ahora estoy quizá cansado
para eso. Muchas veces son tan grandes,
las tardes no se ajustan a nosotros,
y algunas nos conocen el talón.
Pero debemos ser más objetivos,
olvidar los lugares, las historias,
el deseo de todas las palabras
y su imagen. De nuevo contemplar
mis miembros, el rectángulo de cielo
que nunca alcanzaré. Saber así
la plenitud que tanto perseguimos.
Un hombre, bajo el cielo, ve sus manos.

(De *La luz, de otra manera*)

LA PREGUNTA

A Fernando Sebastiá, Manuela Serrano y Lola Fons

A medida que vivo ignoro más las cosas;
no sé ni por qué encantan las hembras y las rosas.
                                    Ramón López Velarde

En la noche avanzada y repetida,
mientras vuelvo bebido y solitario
de la fiesta del mundo, con los ojos muy tristes
de belleza fugaz, me hago esa pregunta.
Y también en la noche afortunada,
cuando el azar dispone un cuerpo hermoso
para adornar mi vida, esa misma pregunta
me inquieta y me seduce como un viejo veneno.
Y a mitad de una farra, cuando el hombre
reflexiona un instante en los lavabos
de cualquier antro infame al que le obligan
los tributos nocturnos y unas piernas de diosa.
Pero también en casa, en las noches sin juerga,
en las noches que observo desde esta ventana,
compartiendo la sombra
con un cuerpo entrañable y repetido,
desde esta ventana, en este mismo cuarto
donde ahora estoy solo y me pregunto
durante cuánto tiempo cumpliré mi condena
de buscar en los cuerpos y en la noche

166

todo eso que sé
que no esconden la noche ni los cuerpos.

(De *Los ojos del extraño*)

REENCUENTRO

Regresar a lugares donde fuiste feliz,
sin saberlo, después de algunos años,
y encontrar los objetos que te aguardan
intactos, aunque muertos, pues tus ojos
no recuerdan su magia de otras horas.
Casas de antiguas novias que se quedan
remotas y cercanas con el tiempo
como el rostro querido en los retratos.
Calles, lechos, lugares ya furtivos
a los que aún volvemos, algún día,
cuando los padres huyen a ciudades dudosas
y es tarde al fin para nosotros. Pero es más triste
regresar a los cuerpos, a su calor menguado,
a sus ropas extrañas, y a la carne
en que cifraste un día tu existencia.
Pues no se pierde un cuerpo para siempre,
sino un engaño breve, y tan hermoso;
aquello que hoy buscamos, sin fortuna,
en el mismo lugar, sobre los mismos labios.

(De *Los ojos del extraño*)

EL MUJERIEGO

A Felipe Benítez Reyes

Demás de esto conviene guardar con diligencia todos los sentidos, mayormente los ojos, de ver cosas que te pueden causar peligro. Porque muchas veces mira el hombre sencillamente, y por la sola vista queda el ánima herida. Y porque el mirar inconsideradamente las mujeres, o inclina o ablanda la constancia del que las mira (...) Huye, pues, toda sospechosa compañía de mujeres, porque verlas daña los corazones; oírlas, los atrae; hablarles, los inflama; tocarlas, los estimula, y, finalmente, todo lo de ellas es lazo para los que tratan con ellas.

Fray Luis de Granada *(Guía de pecadores)*

He amado a las mujeres, y debo confesar
que en muchas ocasiones
con ellas yo pequé de pensamiento,
palabra y omisión, pues con el tacto
he librado tan sólo las batallas corrientes,
—y alguna escaramuza, a qué mentir,
de muy dudoso gusto y gloria escasa—,
pero mi amor más fiel, el verdadero,
el que nunca me aburre, el que termina
amenazando un día mi constancia,
es siempre esa mujer, esa desconocida
de la que habla un amigo en un poema,

169

y que tantos dejamos, por desidia,
porque vamos con otra o por vergüenza,
pasar siempre de largo,
tan diferente siempre y siempre hermosa.
Y cuando alguna vez nos acercamos,
vencidos los temores, con qué prisa
su nombre cambia, baja y se concreta,
toma su rostro forma exacta, olvidan
muy pronto nuestros ojos su misterio,
pues la mano lo toca, y se deshace.

He amado a las mujeres, todavía las amo,
y sufro mucho al verlas alejarse,
espléndidas y ajenas, con sus hijos
de la mano, o aún con uniforme,
casi niñas —la nuca entresudada
y el olor a colonia tras los juegos—,
o adolescentes casi, en esa edad
en que duermen inquietas si es verano.
Y todas con olores que nos hacen soñar,
en su belleza crueles, pues sólo esos olores,
extraños y envolventes,
al cabo han de dejar, si pasan cerca,
como un camino abierto en nuestras vidas.
Pero fui terco en el amor de algunas,
y es difícil así frecuentarlas a todas.

He amado a las mujeres, y por ellas sospecho
que quisiera perderme,
si tuviera dinero, y ayudaran un poco.

(De *Los ojos del extraño*)

LAS PASIONES OCULTAS

A José Luis Martínez Rodríguez

A través de los años
he juntado mis libros con paciencia,
les entregué monedas laboriosas
que a menudo negaban los placeres primarios.
Cuando fueron esquivos
los perseguí a través de trastiendas oscuras
en ciudades y días que luego no olvido.
Igual que a una mujer los espié,
traté con alcahuetas por gozar sus favores,
y he sabido rondarlos en sus lunas
aguardando la cita que encendiera mis manos.

Malbaraté mis horas en sus pasiones cultas,
acaricié sus lomos de colores, dispuse
su sitio en la madera. Los tomé,
los deseé un instante y aplacé sus secretos.
Obstinado, buscaba en sus palabras
un extraño tesoro, y les fui fiel
en su traición discreta, porque ellos,
lo mismo que una amante posesiva,
me apartaron del mundo con engaños hermosos.
Y ahora intuyo que lo que yo buscaba
está muy lejos de cualquier biblioteca,
y se quedó esperando para siempre
en esas tardes lentas en que negué mi vida,
como esas flores que se caen al mar

en mitad de una fiesta, y en silencio se pierden,
sin que nadie lo note, mientras el barco sigue,
ajeno, hacia la sombra.

(De *Los ojos del extraño*)

MUCHACHA CON PERRO

A Juan Pablo Zapater

Sé de un sol que deshace
la conjura que a veces nos parece el destino,
y ese sol está aquí —ha tardado en llegar—,
y a mi balcón se asoma, se aventura
hasta el centro del cuarto,
y hacia el balcón de nuevo
estira de mis manos con sus manos
amarillas y blandas. Hay palmeras
en el solar de enfrente, y hay también
una joven muchacha con un perro,
y yo miro esa escena intercambiable
con el deseo extraño, repentino y antiguo,
de forzarla en palabras, detenerla,
conservarla en cuadernos, estudiarla,
fragmentarla quizá como un cirujano,
y encontrar el remedio que la salve
de una muerte segura.
                              Pero cómo
enfocar esa escena tan vulgar
y a la vez tan difícil, de qué modo
trasladarla al poema sin que pierda su vida,
desde qué ángulo acercarse a ella.
La elegía aconseja, en este caso,
una sustitución: la muchacha que veo
podría ahora recordarme a otra
de un pasado cercano, de un pasado

sentimental, como cualquier pasado.
O proceder quizá de otro modo retórico,
amplificando: y descubrir así,
sobre la breve edad de la muchacha,
la juventud perdida, para llorarla acaso.
O exhibirme a propósito
superponiendo técnicas difíciles:
la muchacha sostiene el paradigma
de todas las muchachas, y a mis ojos
representa el encanto de cuanto ya perdí,
juventud, inocencia, alegría espontánea;
y a su mirada soy la tentación
de todo lo que espera, esa edad prometida
en que será por fin esa mujer
con que a menudo sueña, más hermosa y más libre;
y se convierte el perro, entre ambos planos,
mientras juega a escaparse de su dueña y mis ojos,
en imagen perfecta del deseo.
Mas no es exactamente una elegía,
ni tampoco una oda, ni tan siquiera un canto,
ni un modesto haikú, lo que esa escena
me sugiere en la tarde, su emoción
es mucho más sencilla y más compleja,
y es la emoción callada de los días,
su alegría tan triste, su tristeza dichosa,
la emoción de unos ojos que están vivos
y en esta tarde hermosa se detienen
sobre aquella muchacha que pasea a su perro,
y esa escena es un canto, y un haikú,
pero también es oda y elegía,
porque quizás el mundo se resuma
en aquella muchacha, y en el perro,
y en la dicha asombrosa y en el dolor inmenso

que esa escena sencilla es capaz de evocar
en los ojos atentos de este hombre cualquiera.

(De *Los ojos del extraño*)

EN LAS HORAS OSCURAS

En las horas oscuras
que van creciendo en nuestras vidas
al igual que la noche se alarga en el invierno,
en esas horas, a menudo,
una imagen tenaz y hermosa me consuela.
Regreso hasta una playa de otro tiempo,
todavía cercano. Es un día precioso
de final de septiembre, brilla el mar
con su estructura lenta, sugestivo y exacto
como un cuchillo. Quedan
unos cuantos bañistas a esa hora
dudosa de la tarde, y no estoy solo,
un grupo de muchachas me acompaña,
el sol dora sus cuerpos de diecisiete años,
y es ya fresca la brisa, y en sus nucas
la humedad reaviva el aroma a colonia.
Y la tarde transcurre dulcemente,
mas sin gloria especial, y las muchachas ríen,
y me dan su alegría, aunque no amo a ninguna,
y hay un aire de adiós en cada cosa:
en el mes avanzado, en los bañistas,
en el estío lento, en aquellas muchachas
que desconozco hoy, y en la luz de la playa.

Apuré aquel momento agradecido,
al igual que se goza un hermoso regalo,
en su dicha sereno, destinado a perderse

tras la felicidad frecuente de esos años.
Y ahora comprendo que en aquella tarde
algo más que belleza se ocultaba,
porque su luz me salva, muchas veces,
en las horas oscuras, y se empeña,
con una obstinación absurda que me asombra,
en volver a mis ojos y a mis días.
En las horas oscuras
una imagen tenaz y hermosa me consuela,
y me llega al verano y a una tarde.
Y yo aún me pregunto por qué vuelve,
y qué es lo que perdí en aquella playa.

(De *Los ojos del extraño*)

VARIACIÓN SOBRE UNA METÁFORA BARROCA

A Carlos Aleixandre

Alguien trajo una rosa
hace ya algunos días, y con ella
trajo también algo de luz,
yo la puse en un vaso y poco a poco
se ha apagado la luz y se apagó la rosa.
Y ahora miro esa flor
igual que la miraron los poetas barrocos,
cifrando una metáfora en su destino breve:
tomé la vida por un vaso
que había que beber
y había que llenar al mismo tiempo,
guardando provisión para días oscuros;
y si ese vaso fue la vida,
fue la rosa mi empeño para el vaso.

Y he buscado en la sombra de esta tarde
esa luz de aquel día, y en el polvo
que es ahora la flor, su antiguo aroma,
y en la sombra y el polvo ya no estaba
la sombra de la mano que la trajo.
Y ahora veo que la dicha, y que la luz,
y todas esas cosas que quisiéramos
conservar en el vaso,
son igual que las rosas: han sabido los días
traerme algunas, pero

¿qué quedó de esas rosas en mi vida
o en el fondo del vaso?

(De *Los ojos del extraño*)

PROFESIÓN DE FE

Quizá debiera hoy felicitarme,
dejarme ya de versos tristes,
recibir mi cordial enhorabuena
por tantos equilibrios, por estar
aquí, sencillamente,
sencillamente pero nada fácil
habitar esta tarde, haberla conquistado
a través de batallas,
caídas, días grises, desamores, olvidos,
pequeños triunfos, muertes
muy pequeñas también,
pero también muy grandes.
Haber llegado aquí, hasta esta luz
que anoto para luego,
para acordarme luego, cuando sea difícil
admitir la existencia de esta tarde
a la que llego solo, disponible,
sano, joven aún, y decidido incluso
a olvidar el cansancio, la experiencia,
convencido de nuevo de que sí,
de que a partir de hoy, quizá, aún, todo
lo que tanto he soñado, todavía,
pudiera sucederme.

(Inédito)

180

ÁLVARO GARCÍA
(Málaga, 1965)

Libros publicados (poesía):

— *Para quemar el trapecio* (1985)
— *La noche junto al álbum* (1989)

POÉTICA

(Versión de un poema de Miquel Martí i Pol)

No te diré qué hay detrás de las palabras.

Ha llovido y, el resto de la tarde,
será todo más íntimo y más claro.

Huyamos de cualquier palabrería.
Digamos solamente lo esencial,
tan sólo las palabras para crecer y amar
y el nombre más sencillo y útil de cada cosa.

ERA YO UN NIÑO EN LOS 70

no le hacíamos caso paula no era una niña
decía ella
            llegaba con los ojos repintados

los zapatos de su madre
                        el bolsito y andaba

tropezando una tarde nos reímos a lo bestia mi padre
es guardia civil
y os va a fusilar como a los rojos

(De *Para quemar el trapecio)*

CAMPANAS

Le daban un motivo sonoro y suficiente
para ir a una iglesia y, a la vuelta,
venir distintos, gabardina al hombro,
pensando en el pequeño restaurante
donde el hijo salpica con el limón difícil,
o en una sobremesa soleada.

Yo busco entre los años un momento
como éste, de lluvia reciente y hojas limpias,
algo más que un residuo en la memoria;
que la vida me importe en una escena
familiar y agriada por el tiempo,
esa hosca intemperie que convierte en ajeno
lo que era mío y era incuestionable.

(De *La noche junto al álbum*)

CAMPO DE GOLF

Salvo días ingrávidos, ajenos,
varios años gastados conforman una vida.
Fueron tardes sin peso las de ir a mirar
un campo, bordeado por un río
como una alfombra cara a lo largo de un tiempo
de ancianos extranjeros y aire indemne.
Muchas bolas de golf iban al río.
Hablar de horas felices y horas tristes
es fácil ajedrez de la memoria;
no sé si fui feliz. Hay aprensiones,
panoramas mediocres que recuerdo
como una sombra larga y apacible
de los días mejores del pasado.

(De *La noche junto al álbum*)

SUPERVIVENCIAS

Fotos que recordaban un momento
amarillean, aunque sólo sea en mi ánimo
ahora que las miro.
Eran el puente fácil, inconsciente,
entre unas cartulinas y mi propio pasado
pero desposeerlas de ese fondo
y olvidar una historia
las deja en aspereza y en silencio.

En ese gesto intacto, en esa indiferencia
con que el que fuimos mira al que iba a ser,
en esa indiferencia que ahora es mutua,
va quedando un aviso que se desvela tarde.
Ahora que el pasado desalienta,
toda supervivencia tiene algo de burla
y cada instante alberga su pequeña venzanga
por haber sido parte de la vida.

(De *La noche junto al álbum*)

A GABRIELA

Esta tarde he pensado en una casa
de cuando yo tenía nueve años.
Una casa del Sur en donde alguien,
con parsimonia, me enseñaba
su colección de búhos.

El domingo en el campo solía terminarse
inseguro y oscuro como la carretera
de vuelta a la ciudad, y yo quería
saber si no te daba envidia aquella casa.

Tú eras muy pequeña
y siempre te dormías en el coche.

(De *La noche junto al álbum*)

PAISAJES

Escapar de uno mismo es rehuirlos,
rehuir esos paisajes que son un poco iguales
porque no caben todos en esta madrugada.
Escapar de nosotros es perderlos de vista,
curarnos lentamente de esa trampa
del pasado, esa herida del recuerdo.
La vida se hace digna y objetiva
y uno termina siendo lo que otros.

Por eso hay un paisaje allá en la infancia
con la hierba sin huellas de lo que nunca vuelve
y sé que estuve y que lo he olvidado.

(De *La noche junto al álbum*)

HOMENAJE

El perfil tosco, el leve filamento
de un verso, luz de fiebre: *la mañana apacible*
le acompaña.
Es fácil suponer que aborrecía
la honra de ocasión, el homenaje
como rito civil. Toda su sombra
en el error de un día de noviembre.

(De *La noche junto al álbum)*

UNA CALLE CON GATOS

Al marcharme de noche alguien oiría
desde una luz pequeña en la casa de al lado
cómo nos despedíamos. Sobre el muro de hiedra
verían nuestras sombras.
Ahora, en el invierno, está el jardín distinto.
Que todo haya acabado lo hace aún más simple,
como el lento chirrido hasta que se cerraba
esta vieja cancela tras mis pasos.

(De *La noche junto al álbum*)

REDING

He mirado la verja de unas tumbas,
la fuente en que bebían los caballos,
el sosiego que guarda para sí este paseo
de escaparates mínimos, sin gente.
Esta ciudad no es ya el poder de tedio
que yo un día temí como a un murmullo.
He visto el mar con alguien,
apenas una voz que ha reído a mi lado
esos submarinismos minuciosos
del pájaro que pesca
y eso es, pienso ahora, la ciudad,
un contemplar pagano,
sin pedirme a mí nada ni yo a ella:
mi ciudad, la hoja rosa, el alto seto.

(De *La noche junto al álbum*)

ANDENES

Has pasado por dos o tres ciudades
igual que cambia el tiempo dulcemente;
tu vida es una foto con señales
de haber sido pinchada en varias casas.
La foto es de este instante
con un fondo de andenes en que hay
viajeros con tu cara y tu equipaje.

(Inédito)

LUIS MUÑOZ
(Granada, 1966)

Libros publicados (poesía):

— *Calle del mar* (1987)
— *Septiembre* (1991)

POÉTICA

La fortuna celosa de una tarde sin rumbo.
El esplendor de un cuerpo que al marcharse
aviva las palabras y el fuego de las horas.

La soledad doblada a una respuesta.
Aquel que fuimos o seremos,
el que quisimos ser en una noche aciaga.

La primera visión
de un mundo repetido, la urgencia de los ecos,
el nardo de la luna.

Todo lo que es del orden
de la fugacidad y del conocimiento.

También el ejercicio vano de conferirle un rostro.

(Inédito)

SEPTIEMBRE

En el pálido azul que acogen las terrazas,
los labios desprovistos que saben regresar
y el vuelo de las últimas gaviotas.

Voces que el mar congrega,
que vienen con las olas y son la lejanía.
Playas tendidas como alas de nieve
al pie de los bañistas
y autobuses velados con tenues pasajeros
que persiguen la falta de costumbre.

También entonces,
rubias muchachas sumergidas
en el agua templada de las historias breves,
y la pasión del horizonte, el hilo de ciudades
que definen los barcos que se alejan.

No es más real, septiembre, que un recuerdo,
pero nombre que dimos por perdidos
recobran claridad, el aire que atraían,
y el sueño en que resisten los veranos.

(De *Septiembre)*

LISBOA

La urgencia de los cielos descreídos
y las leves ventanillas del mar,
en dirección contraria.

No existen las ciudades,
sino el afán de un cuerpo,
el sueño de las calles que persigues,
el pulso que sacude otros paisajes,
los pasos que deciden la distancia.

Y aunque hay plazas tendidas al sol del entretiempo,
y los puestos de flores indican un latido,
ni siquiera el murmullo cruzado en las aceras,
ni las sombras rendidas que aguardan los perfiles,
ni siquiera el envés azul de las postales,
responden por su nombre.

(De *Septiembre*)

EL VERANO QUE HUYE

De vuelta, adormecidos en el coche,
el verano tenía
la calidad abstracta del sueño de los otros.

Si las velas contienen
los momentos finales del crepúsculo,
si un animal inmenso se deshace
en las gentes de fuego de las playas,
y los rompientes cumplen
el amargo papel de signo adverso,
todo aquello que huía con nosotros,
en el orden juicioso y familiar
de los veranos, de repente
nos desplazó del mundo,
y en los ojos de extraños
se fundó su memoria.

(De *Septiembre)*

FÁBULA DEL TIEMPO

Seguramente, si lo piensas,
estos años no van a repetirse.
Vivirás su carencia irremediable,
se llenará de sombras tu mirada,
te habitará el vacío y, con el tiempo,
se destruirá tu imagen del espejo.

Y esperarás cansado, te aseguran,
muchas tardes morir en tu ventana,
buscando en la memoria
ese tiempo feliz, siempre perdido,
esa estación dorada que tuviste
y que debe ser ésta, más o menos.

(De *Septiembre)*

BLACKFRIARS

El río tuvo entonces
las aguas meditadas y profundas,
los buques de silencio, y los pájaros grises
que hubiera visto alguien por nosotros.

Sólo un puente vacío
nos dio a leer el curso de la noche
y los signos de sombra
de habernos alejado.

Sólo si está lejos es posible
amar esa distancia,
y convertir la niebla
en un pasaje triste,
y adivinarse aislado,
o en la vida de otros.

(De *Septiembre*)

LA NOCHE DE LOS TIEMPOS

Lo sabes en el taxi,
cuando las sombras vivas de las casas
inician el regreso,
y conduce la noche su cansancio
al borde de tus ojos.
No puede haber engaño
en lo que no has creído.

Por eso es el futuro
la distancia que niegas a las últimas luces,
el viento que retrasa las horas intermedias,
o el plazo que no cumplen las ciudades.
Recela un tiempo en busca de otro tiempo,
porque no se suceden, ni se cruzan,
ni son oscuridad, ni saben un camino.

(De *Septiembre*)

TORMENTA DE VERANO

Quien escribe en las calles,
esta vez, es la lluvia
furiosa del verano, y es una muchedumbre
de luz y de memoria,
y es el ayer que espera
saltar sobre su presa.

Como un muchacho piensa
que todo lo ha mirado y lo ha sentido,
que los años se ofrecen
cansados de estaciones
y voces sin designio
y de las sombras vanas
de una antigua pasión,
así la lluvia cae,
sin creer en su término,
y alborota las plazas, y cumple las promesas
de los días borrados
por la ilusión de un orden.

(De *Septiembre*)

TARDES BLANCAS

Tardes blancas. El sol de otoño apenas
pertenece a las horas que se mueven despacio.
Volvemos a encontrarnos y son las mismas calles
el signo del amor y de su pérdida.

Si me preguntas cómo
les va en mi casa o te detienes luego
al aviso de moda de los escaparates
hay una zona de frío que atraviesa
el tono y el calor de la costumbre,
un cielo indefinido,
un territorio ajeno que nos parece propio.

Vienen contigo
los días anteriores a tu nombre,
una felicidad difusa como el roce
inesperado de las manos,
una distancia llena de tenues cercanías,
y tampoco lo extraño me es extraño.

A la vida nos une ese comercio,
el gozo en la desdicha, claridad en las sombras.

(Inédito)

ÍNDICE